KB061721

올바른 독해와 알기 쉬운 해설

천자문, 정확하게 읽어보자!

올바른 독해와 알기 쉬운 해설

천자문, 정확하게 읽어보자!

초판 1쇄 인쇄일 2016년 6월 23일
초판 1쇄 발행일 2016년 7월 1일

지은이 안대영
펴낸이 양옥매
디자인 남다희
교 정 조준경

펴낸곳 도서출판 책과나무
출판등록 제2012-000376
주소 서울특별시 마포구 방울내로 79 이노빌딩 302호
대표전화 02.372.1537 **팩스** 02.372.1538
이메일 booknamu2007@naver.com
홈페이지 www.booknamu.com
ISBN 979-11-5776-216-3(03150)

이 도서의 국립중앙도서관 출판시도서목록(CIP)은 서지정보유통지원 시스템 홈페이지(http://seoji.nl.go.kr)와 국가자료공동목록시스템(http://www.nl.go.kr/kolisnet)에서 이용하실 수 있습니다.
(CIP제어번호 : CIP2016014931)

올바른 독해와 알기 쉬운 해설

천자문,
정확하게 읽어보자!

안대영 지음

천자문 해설을 시작하면서

옛날 우리 조상님들이 서당에서 처음으로 배웠던 천자문, 오늘날 우리가 흔히 접하는 천자문은 중국 양나라 무제 때 주흥사(周興嗣, 470~521)라는 분이 지은 것이다. 그에 앞선 삼국시대 위나라의 종요(鍾繇, 151~230)가 지은 천자문과는 완전히 다른 별개의 독창적 작품이다.

양나라의 초대황제인 무제(武帝, 재위 502~549)는 주흥사가 지은 천자문을 '신이 내린 글'이라고 극찬하였다고 하나, 우리나라에서는 조선조 때도 이미 천자문에 대한 비판이 있었다. 다산 정약용 선생은 천자문이 너무 어려워 아동들이 배우기에 적합하지 않다고 비평하시면서, 아동용으로 『아학편(兒學篇)』이라는 책을 지으시기도 했다.

천자문을 어렵다고 한 이유로 가장 먼저 들 수 있는 것은 천자문이 글자만 나열한 것이 아니라 엄연한 문장임에도 불구하고, 거의 글자를 익히는 수단으로만 가르치고 배웠다는 사실이다. 그것도 문장에서 사용된 뜻과 음이 아니라 일반적인 뜻과 음으로 가르치고 배웠기 때문에 문장을 제대로 해석하기 어려웠다.

예를 들어, 옛날 서당에서는 천자문의 앞부분에 있는 〈辰宿列張〉을 한결같이 〈별 진, 잘 숙, 벌릴 렬, 베풀 장〉으로 읽도록 가르쳤다. 여기서 '宿'이라는 글자가 〈잘 숙〉임은 분명하다. 그러나 이 문장에서는 〈잘 숙〉으로 쓰인 것이 아니라 〈별자리 수〉로 쓰였다. 따라서 이 문장에서 '宿'이라는 글자를 〈잘 숙〉이라고 읽으면 문장을 해석할 수 없게 된다.

두 번째 이유를 들자면, 천자문을 산문이 아니라 운문으로 지으면서 대구(對句)와 운(韻)까지 맞추다 보니 자연히 생략된 의미가 많을 수밖에 없는데, 이것도 고려하여 그 생략된 의미를 찾아내지 않으면 역시 문장의 내용을 제대로 이해하지 못한다는 점이다.

그뿐만 아니라 어떤 경우는 2개의 구로 하나의 문장이 끝나지만 어떤 경우는 여러 개의 구가 한 문단을 이루는 경우도 있으므로, 이것도 감안하지 않으면 문장의 논리적 전개를 알 수 없게 되어 제대로 된 해석을 할 수 없게 된다.

무엇보다 천자문이 어려운 이유는 사람의 이름과 고사를 압축하여 표현했기 때문인데, 이 경우 중국의 역사와 인물, 그와 관련이 있거나 출전이 되는 고전 작품을 알지 못하면 역시 해석이 불가능하게 된다.

끝으로 시(詩)에서 흔히 나타나는 변칙적인 통사구조를 사용한 것과, 논리적으로 연결되는 하나의 문단을 그에 상응하는 접속사가 없이 해석해 온 것도 천자문을 어렵게 하는 중요한 요소이다.

위와 같은 점을 고려하여 천자문의 내용을 해석한다면 천자문이 어려운 것이 아니라, 요즘의 초등학생들도 충분히 이해할 수 있고 흥미진진하게 배울 수 있는 내용이라는 것을 알게 된다. 또한 천자문에 사용된 글자 가운데 오늘날 우리가 흔히 사용하지 않는 글자도 그렇게 많지 않다는 사실도 알 수 있게 된다.

이 책의 목적은 천자문을 제대로 정확하게 이해하자는 것이다. 따라서 위에서 말한 모든 것들을 감안하여 천자문 각 문장의 뜻을 분명하게 드러내려고 노력하였다. 천자문에 대해 중국의 심오한 철학을 동원하여 설명할 필요까지도 없다고 생각한다. 천자문은 아주 평범하고 쉬운 내용이기 때문이다. 그러나 평범하고 쉬우면서도 일생 동안 써도 남을 훌륭한 교훈이 많고 아름다운 시도 있으며, 흥미진진한 중국 고대 역사도 들어 있다.

서예 학습자료 가운데 각종 서체를 천자문으로 정리한 것이 많다. 서예인들이 이를 많이 사용하는데, 천자문을 분명하게 이해하면서 학습한다면 더없이 좋은 일일 것이다. 또한 전국에 계신 한문서당 훈장님들도 이 책자를 활용하여, 학생들이 천자문을 쉽고도 흥미 있게 배울 수 있도록 가르칠 수 있을 것이다.

천자문이 비록 중국에서 만들어졌지만 일천 수백 년 동안 우리 조상들이 읽어 왔던 책이다. 천자문을 통하여 우리 조상들의 숨결을 느끼기에 충분하지 않겠는가? 끝으로 부족한 부분에 대하여는 강호 제현의 질정을 기다린다.

단기 4349년 한여름에

소백산 완월산방에서 백산초부 근기

일러두기

이 책은 천자문을 글자가 아니라 문장으로서, 또 문법적으로, 중국의 문화적 상황을 감안하여 정확하게 이해하는 것이 목적이다. 즉, 천자문 본래의 의미를 문법, 고사, 출전, 당시의 문화 등을 감안하여 천자문 저자의 본래 뜻에 가장 가깝게 접근하려는 것이다. 따라서 이 책의 특징은 다음과 같다.

1. 천자문의 원문과 함께 원문을 오늘날의 한국어 문장으로 번역하여 한문에 익숙하지 않은 학생과 일반인도 쉽게 이해할 수 있게 하였다.
2. 원문에서 축약되거나 함축된 명확한 의미를 괄호 안에 넣어서 보충함으로써 문장의 의미가 분명하게 나타나도록 하였다.
3. 원문과 관련된 중국 고전의 출전을 밝히고, 관련된 고사나 역사를 함께 설명하였다.
4. 어려운 내용의 문장에 대하여는 간략한 해설을 달았다.
5. 문장마다 각 글자에 훈음을 달되 문장에서 실제로 사용되는 의미의 훈음을 달아서, 훈음을 읽으면 거의 문장 독해가 가능하게 하였다.
6. 원문과 함께 중국어 표음부호(한어병음)를 달아서 현대 중국어로 천자문을 공부할 수 있게 하였다.
7. 두 개 이상의 문장이 논리적으로 연결되는 경우는 이에 합당한 접속사나 연결어미를 사용하여 문단의 논리 흐름을 분명하게 하였고, 문단마다 문단의 대의를 붙여서 전체의 흐름을 이해할 수 있게 하였다.
8. 필요하다고 생각되는 부분에는 문법 설명(통사구조)도 병행하였다.

■ 목차 ■

올바른 독해와 알기 쉬운 해설

천자문, 정확하게 읽어보자!

천자문 원문 및 독음

국어발음 · 한어병음

다음의 천자문 원문과 독음은 국어 발음과 중국어 발음 공부 외에 이 책의 목차로도 사용할 수 있다.

	원문	국어발음	한어병음
1	天地玄黃	천지현황	tiān dì xuán huáng
	宇宙洪荒	우주홍황	yǔ zhòu hóng huāng
2	日月盈昃	일월영측	rì yuè yíng zè
	辰宿列張	진수열장	chén xiù liè zhāng
3	寒來暑往	한래서왕	hán lái shǔ wǎng
	秋收冬藏	추수동장	qiū shōu dōng cáng
4	閏餘成歲	윤여성세	rùn yú chéng suì
	律呂調陽	율려조양	lǜ lǚ tiáo yáng
5	雲騰致雨	운등치우	yún téng zhì yǔ
	露結爲霜	노결위상	lù jié wéi shuāng
6	金生麗水	금생려수	jīn shēng lì shuǐ
	玉出崑崗	옥출곤강	yù chū kūn gāng
7	劍號巨闕	검호거궐	jiàn hào jù què
	珠稱夜光	주칭야광	zhū chēng yè guāng
8	果珍李柰	과진이내	guǎ zhēn lǐ nài
	菜重芥薑	채중개강	cài zhòng jiè jiāng
9	海鹹河淡	해함하담	hǎi xián hé dàn
	鱗潛羽翔	인잠우상	lín qián yǔ xiáng

	원문	국어발음	한어병음
10	龍師火帝	용사화제	lóng shī huǒ dì
	鳥官人皇	조관인황	niǎo guān rén huáng
11	始制文字	시제문자	shǐ zhī wén zì
	乃服衣裳	내복의상	nǎi fú yī cháng
12	推位讓國	퇴위양국	tuī wèi ràng guó
	有虞陶唐	유우도당	yǒu yú táo táng
13	弔民伐罪	조민벌죄	diào mín fá zùi
	周發殷湯	주발은탕	zhōu fā yīn tāng
14	坐朝問道	좌조문도	zuò cháo wèn dào
	垂拱平章	수공평장	chuí gǒng píng zhāng
15	愛育黎首	애육려수	ài yù lí shǒu
	臣伏戎羌	신복융강	chén fú róng qiāng
16	遐邇壹體	하이일체	xiá ěr yī tǐ
	率賓歸王	솔빈귀왕	shuài bīn guī wáng
17	鳴鳳在樹	명봉재수	míng fèng zài shù
	白駒食場	백구식장	bái jū shí chǎng
18	化被草木	화피초목	huà bèi cǎo mù
	賴及萬方	뇌급만방	lài jí wàn fāng

	원문	국어발음	한어병음
19	蓋此身髮	개차신발	gài cǐ shēn fà
	四大五常	사대오상	sì dà wǔ cháng
20	恭惟鞠養	공유국양	gōng wéi jū yǎng
	豈敢毁傷	기감훼상	qǐ gǎn huǐ shāng
21	女慕貞烈	여모정렬	nǚ mù zhēn liè
	男效才良	남효재량	nán xiào cái liáng
22	知過必改	지과필개	zhī guò bì gǎi
	得能莫忘	득능막망	dé néng mò wàng
23	罔談彼短	망담피단	wǎng tán bǐ duǎn
	靡恃己長	미시기장	mí shì jǐ cháng
24	信使可覆	신사가복	xìn shǐ ké fù
	器欲難量	기욕난량	qì yù nán liáng
25	墨悲絲染	묵비사염	mò bēi sī rǎn
	詩讚羔羊	시찬고양	shī zàn gāo yáng
26	景行維賢	경행유현	jǐng xíng wéi xián
	克念作聖	극념작성	kè niàn zuò shèng
27	德建名立	덕건명립	dé jiàn míng lì
	形端表正	형단표정	xíng duān biǎo zhèng

	원문	국어발음	한어병음
28	空谷傳聲	공곡전성	kōng gǔ chuán shēng
	虛堂習聽	허당습청	xū táng xí tīng
29	禍因惡積	화인악적	huò yīn è jí
	福緣善慶	복연선경	fú yuán shàn qìng
30	尺璧非寶	척벽비보	chǐ bì fēi bǎo
	寸陰是競	촌음시경	cùn yīn shì jìng
31	資父事君	자부사군	zī fù shì jūn
	曰嚴與敬	왈엄여경	yuē yán yǔ jìng
32	孝當竭力	효당갈력	xiào dāng jié lì
	忠則盡命	충즉진명	zhōng zé jìn mìng
33	臨深履薄	임심리박	lín shēn lǚ báo
	夙興溫凊	숙흥온청	sù xīng wēn qìng
34	似蘭斯馨	사란사형	sì lán sī xīn
	如松之盛	여송지성	rú sōng zhī shèng
35	川流不息	천류불식	chuān liú bù xī
	淵澄取映	연징취영	yuān chéng qǔ yìng
36	容止若思	용지약사	róng zhǐ ruò sī
	言辭安定	언사안정	yán cí ān dìng

	원문	국어발음	한어병음
37	篤初誠美	독초성미	dǔ chū chéng měi
	愼終宜令	신종의령	shèn zhōng yì lìng
38	榮業所基	영업소기	róng yè sŭo jī
	籍甚無竟	자심무경	jí shèn wú jìng
39	學優登仕	학우등사	xué yōu dēng shì
	攝職從政	섭직종정	shè zhĭ cóng zhèng
40	存以甘棠	존이감당	cún yĭ gān táng
	去而益詠	거이익영	qù ér yì yǒng
41	樂殊貴賤	악수귀천	yuè shū guì jiàn
	禮別尊卑	예별존비	lĭ bié zūn bēi
42	上和下睦	상화하목	shàng hé xià mù
	夫唱婦隨	부창부수	fū chàng fù suí
43	外受傅訓	외수부훈	wài shòu fù xìn
	入奉母儀	입봉모의	rù fèng mŭ yí
44	諸姑伯叔	제고백숙	zhū gū bó shú
	猶子比兒	유자비아	yōu zĭ bĭ ér
45	孔懷兄弟	공회형제	kōng huái xiōng dì
	同氣連枝	동기연지	tóng qì lián zhī

	원문	국어발음	한어병음
46	交友投分	교우투분	jiāo yǒu tóu fēn
	切磨箴規	절마잠규	qiē mó zhēn guī
47	仁慈隱惻	인자은측	rén cí yǐn cè
	造次不離	조차불리	zào cì fú lí
48	節義廉退	절의염퇴	jié yì lián tuì
	顚沛匪虧	전패비휴	diàn pèi fěi kuī
49	性靜情逸	성정정일	xìng jìng qíng yì
	心動神疲	심동신피	xīn dòng shén pí
50	守眞志滿	수진지만	shǒu zhēn zhì mǎn
	逐物意移	축물의이	zhú wù yì yí
51	堅持雅操	견지아조	jiān chí yǎ cāo
	好爵自縻	호작자미	hǎo jué zì mí
52	都邑華夏	도읍화하	dū yì huá xià
	東西二京	동서이경	dōng xī èr jīng
53	背邙面洛	배망면락	bèi máng miàn luò
	浮渭據涇	부위거경	fú wèi jù jīng
54	宮殿盤鬱	궁전반울	gōng diàn pán yù
	樓觀飛驚	누관비경	lóu guàn fēi jīng

	원문	국어발음	한어병음
55	圖寫禽獸	도사금수	tú xiě qín shòu
	畵綵仙靈	화채선령	huà cǎi xiān líng
56	丙舍傍啓	병사방계	bǐng shè páng qǐ
	甲帳對楹	갑장대영	jiǎ zhàng duì yíng
57	肆筵設席	사연설석	sì yán shè xí
	鼓瑟吹笙	고슬취생	gǔ sè chuī shēng
58	陞階納陛	승계납폐	shēng jiē nà bì
	弁轉疑星	변전의성	biàn zhuàn yí xīng
59	右通廣內	우통광내	yòu tōng guǎng nèi
	左達承明	좌달승명	zǔo dà chéng míng
60	旣集墳典	기집분전	jì jí fén diǎn
	亦聚群英	역취군영	yì jù qún yīng
61	杜稿鍾隷	두고종예	dù gǎo zhōng lì
	漆書壁經	칠서벽경	qī shū bì jīng
62	府羅將相	부라장상	fǔ luó jiàng xiàng
	路挾槐卿	노협괴경	lù xié huái qīng
63	戶封八縣	호봉팔현	hù fēng bā xiàn
	家給千兵	가급천병	jiā jǐ qiān bīng

	원문	국어발음	한어병음
64	高冠陪輦	고관배연	gāo guān péi niǎn
	驅轂振纓	구곡진영	qū gǔ zhèn yīng
65	世祿侈富	세록치부	shì lù chǐ fù
	車駕肥輕	거가비경	chē jià féi qīng
66	策功茂實	책공무실	cè gōng mào shí
	勒碑刻銘	늑비각명	lè bēi kè míng
67	磻溪伊尹	반계이윤	pán xī yī yǐn
	佐時阿衡	좌시아형	zuǒ shí ē héng
68	奄宅曲阜	엄택곡부	yǎn zhái qū fù
	微旦孰營	미단숙영	wēi dàn shú yíng
69	桓公匡合	환공광합	huán gōng kuāng hé
	濟弱扶傾	제약부경	jì ruò fú qīng
70	綺回漢惠	기회한혜	qǐ huí hàn huì
	說感武丁	열감무정	yuè gǎn wǔ dīng
71	俊乂密勿	준예밀물	jùn yì mì wù
	多士寔寧	다사식녕	duō shì shí níng
72	晉楚更霸	진초갱패	jìn chǔ gēng bà
	趙魏困橫	조위곤횡	zhào wèi kùn héng

	원문	국어발음	한어병음
73	假途滅虢	가도멸괵	jiǎ tú miè guó
	踐土會盟	천토회맹	jiàn tǔ huì méng
74	何遵約法	하준약법	hé zūn yuē fǎ
	韓弊煩刑	한폐번형	hán bì fán xíng
75	起翦頗牧	기전파목	qǐ jiǎn pō mù
	用軍崔精	용군최정	yòng jūn zuì jīng
76	宣威沙漠	선위사막	xuān wēi shā mò
	馳譽丹青	치예단청	chí yù dān qīng
77	九州禹跡	구주우적	jiǔ zhōu yǔ jì
	百郡秦幷	백군진병	bǎi jùn qín bìng
78	嶽宗泰岱	악종태대	yùe zōng tài dài
	禪主云亭	선주운정	shàn zhǔ yún tíng
79	雁門紫塞	안문자새	yàn mén zǐ sài
	鷄田赤城	계전적성	jī tián chì chéng
80	昆池碣石	곤지갈석	kūn chí jié shí
	鋸野洞庭	거야동정	jù yě dòng tíng
81	曠遠綿邈	광원면막	kuàng yuǎn mián miǎo
	巖岫杳冥	암수묘명	yán xiù yǎo míng

	원문	국어발음	한어병음
82	治本於農	치본어농	zhì běn yú nóng
	務玆稼穡	무자가색	wù zī jià sè
83	俶載南畝	숙재남무	chù zǎi nán mǔ
	我藝黍稷	아예서직	wǒ yì shǔ jì
84	稅熟貢新	세숙공신	shuì shú gòng xīn
	勸賞黜陟	권상출척	quàn shǎng chù zhì
85	孟軻敦素	맹가돈소	mèng kē dūn sù
	史魚秉直	사어병직	shǐ yú bǐng zhí
86	庶幾中庸	서기중용	shù jǐ zhōng yōng
	勞謙謹勅	노겸근칙	láo qiān jǐn chì
87	聆音察理	영음찰리	líng yīn chá lǐ
	鑑貌辨色	감모변색	jiàn mào biàn sè
88	貽厥嘉猷	이궐가유	yí jué jiā yóu
	勉其祗植	면기지식	miǎn qí zhī zhí
89	省躬譏誡	성궁기계	xǐng gōng jī jiè
	寵增抗極	총증항극	chǒng zēng kàng jí
90	殆辱近恥	태욕근치	dài rǔ jìn chǐ
	林皐幸卽	임고행즉	lín gāo xìng jí

	원문	국어발음	한어병음
91	兩疎見機	양소견기	liǎng shū jiàn jī
	解組誰逼	해조수핍	jiè zǔ shuí bī
92	索居閒處	삭거한처	sǔo jū xián chǔ
	沈默寂寥	침묵적요	chén mò jì liào
93	求古尋論	구고심론	qiú gǔ xún lùn
	散慮逍遙	산려소요	sǎn lǜ xiāo yáo
94	欣奏累遣	흔주누견	xīn zòu lèi qiǎn
	慼謝歡招	척사환초	qī xiè huān zhāo
95	渠荷的歷	거하적력	qú hé dì lì
	園莽抽條	원망추조	yuán mǎng chōu tiáo
96	枇杷晩翠	비파만취	pí pá wǎn cuì
	梧桐早凋	오동조조	wú tóng zǎo diāo
97	陳根委翳	진근위예	chén gēn wěi yì
	落葉飄颻	낙엽표요	luò yè piāo yáo
98	遊鯤獨運	유곤독운	yóu kūn dú yùn
	凌摩絳霄	능마강소	líng mó jiàng xiāo
99	耽讀翫市	탐독완시	dān dú wán shì
	寓目囊箱	우목낭상	yù mù náng xiāng

	원문	국어발음	한어병음
100	易輶攸畏	이유유외	yì yóu yōu wèi
	屬耳垣牆	속이원장	zhǔ ěr yuán qiáng
101	具膳餐飯	구선찬반	jù shàn cān fàn
	適口充腸	적구충장	shì kǒu chōng cháng
102	飽飫烹宰	포어팽재	bǎo yù pēng zǎi
	饑厭糟糠	기염조강	jī yàn zāo kāng
103	親戚故舊	친척고구	qīn qī gù jiù
	老少異糧	노소이량	lǎo shào yì liáng
104	妾御績紡	첩어적방	qiè yù jì fǎng
	侍巾帷房	시건유방	shì jīn wéi fáng
105	紈扇圓潔	환선원결	wán shàn yuán jié
	銀燭煒煌	은촉휘황	yín zhú wěi huáng
106	晝眠夕寐	주면석매	zhòu mián xī mèi
	藍筍象床	남순상상	lán sǔn xiàng chuáng
107	弦歌酒讌	현가주연	xián gē jiǔ yán
	接杯擧觴	접배거상	jié bēi jǔ shāng
108	矯手頓足	교수돈족	jiǎo shǒu dùn zú
	悅豫且康	열예차강	yùe yù qiě kāng

	원문	국어발음	한어병음
109	嫡後嗣續	적후사속	dí hòu sì xù
	祭祀蒸嘗	제사증상	jì sì zhēng cháng
110	稽顙再拜	계상재배	jī sǎng zài bài
	悚懼恐惶	송구공황	sǒng jù kǒng huáng
111	牋牒簡要	전첩간요	jiān dié jiǎn yào
	顧答審詳	고답심상	gù dá shěn xiáng
112	骸垢想浴	해구상욕	hài gòu xiǎng yù
	執熱願凉	집열원량	zhí rè yuàn liáng
113	驢騾犢特	여라독특	lǘ luó dú tè
	駭躍超驤	해약초양	hài yuè chāo xiāng
114	誅斬賊盜	주참적도	zhū zhǎn zéi dào
	捕獲叛亡	포획반망	pǔ huò pàn wáng
115	布射僚丸	포사료환	bù shè liáo wán
	嵇琴阮嘯	혜금완소	jī qín ruǎn xiào
116	恬筆倫紙	염필륜지	tián bǐ lún zhǐ
	鈞巧任釣	균교임조	jūn qiǎo rén diào
117	釋紛利俗	석분리속	shì fēn lì sú
	竝皆佳妙	병개가묘	bìng jiē jiā miào

	원문	국어발음	한어병음
118	毛施淑姿	모시숙자	máo shī shū zī
	工顰姸笑	공빈연소	gōng pín yán xiào
119	年矢每催	연시매최	nián shǐ měi cuī
	曦暉朗耀	희휘랑요	xī huī lǎng yào
120	璇璣懸斡	선기현알	xuán jī xuán wò
	晦魄環照	회백환조	huì pò huán zhào
121	指薪修祐	지신수우	zhǐ xīn xiū hù
	永綏吉劭	영수길초	yǒng suí jí shào
122	矩步引領	구보인령	jù bù yǐn lǐng
	俯仰廊廟	부앙랑묘	fǔ yǎng láng miào
123	束帶矜莊	속대긍장	shù dài jīn zhuāng
	徘徊瞻眺	배회첨조	pái huái zhān tiào
124	孤陋寡聞	고루과문	gū lòu guǎ wén
	愚蒙等誚	우몽등초	yú méng děng qiào
125	謂語助者	위어조자	wèi yǔ zhù zhě
	焉哉乎也	언재호야	yān zāi hū yě

올바른 독해와 알기 쉬운 해설

천자문, 정확하게 읽어보자!

천자문 번역문

아래의 번역문은 천자문 전체에 대하여 문맥과 문단을 고려하여 현대문으로 번역함으로써 전체의 내용을 쉽고 명확하게 이해할 수 있도록 한 것이다. 15분 정도면 완독할 수 있고, 천자문이 어려운 내용이 아니라는 것도 알 수 있을 것이다.

ꕥ 우주의 형상과 현상

1. (밤)하늘은 검은색이고, (낮)땅은 노란 색이며, 우주는 넓고도 황량하다.
2. 해는 (떴다가) 기울고, 달은 (찼다가) 이지러지며, 별과 별자리들은 (하늘에) 늘어서서 펼쳐져 있다.

ꕥ 기후와 농경사회의 생활

3. 추위가 오면 더위가 가고, 가을에는 추수하고 겨울에는 저장한다.

ꕥ 달력을 만든 이치

4. 남는 (날들을 모아) 윤달을 두어 한 해의 길이를 맞추었고, 율려로 음양을 조절하였다.

ꕥ 자연현상

5. 구름이 올라가서 비가 되고, 이슬이 맺혀서 (얼면) 서리가 된다.

ꕥ 유명하고 귀한 물산

6. 쇠는 여수라는 강에서 나(는 것이 유명하)고, 옥돌은 곤륜산의 산등성이에서 나(는 것이 유명하)다.
7. 칼로서 (이름난 것은) 거궐검이요, 구슬로서 (훌륭하다고) 일컬어지는 것은 야광주이다.
8. 과일 가운데 보배는 자두와 능금이고, 채소 가운데 귀중한 것은 겨자와 생강이다.

ꕥ 자연현상

9. 바닷물은 짜고 민물은 싱거우며, 비늘 달린 것들은 (물속에서) 자맥질하고, 깃이 달린 것들은 날아다닌다.

⚘ 중국 고대의 역사

10. (태호 복희씨는 용으로 벼슬이름을 붙여서) 용사라 부르고, (염제 신농씨는 불을 나누어 주며 벼슬이름을 붙여서) 화제라 부르며, (소호 금천씨는 새의 이름으로 벼슬을 표기하여) 조관이라 부르고, (황제 헌원씨는 인문을 열었으므로) 인황이라 부른다.
11. (황제 헌원 때에 이르러) 비로소 문자를 만들었으며, 또 윗옷과 아래옷도 (만들어서) 입게 되었다.
12. (임금의) 자리를 물려주고 나라를 넘겨준 사람은 (순임금인) 유우와 (요임금인) 도당이고,
13. (어려운) 백성을 (구하여) 위로하고 죄 있는 자를 정벌한 사람은 주나라의 (무왕이 된) 발과 은나라의 탕왕이다.

⚘ 고대 임금들의 정치

14. (훌륭한 왕들은) 조정에 앉아서 (정치의) 도리를 묻고, (옷깃을) 드리우고 두 손을 맞잡고 (백성을) 다스려 밝게 하였다.
15. 백성을 사랑하면서 (잘 살도록) 육성하니, 사방의 민족들도

(감화를 받아) 신하처럼 복종하게 되었으며,

16. 먼 곳이나 가까운 곳이나 할 것 없이 한 몸처럼, 온 천하가 왕을 따르며 의지하게 되었다.
17. 나무에서는 봉황새가 (기쁘게) 울고, 마당에서는 흰 망아지가 (평화롭게 풀을) 먹었으니,
18. (이렇게 훌륭한 왕들의) 감화는 풀과 나무도 입었고, (왕들의) 신뢰는 만방에 미쳤다.

※ 효도와 언행, 몸과 마음의 수양

19. 대개 (나의) 이 몸은 사대와 오상으로 있는 것이다.
20. (부모님이 이 몸을) 길러 주신 것을 공경하면서 생각한다면, 어찌 감히 훼손하거나 상하게 할 것인가?
21. 여자는 절개가 곧고 굳센 (행실을) 본받아야 하고, 남자는 재주가 있는 사람과 어진 사람을 본받아야 한다.
22. (자신에게) 허물이 있는 것을 알면 반드시 고쳐야 하고, 그렇게 할 수 있고 난 다음에는 그것을 잊지 않도록 해야 한다.
23. 다른 사람의 모자란 점을 말하지 말고, 자신이 잘하는 것을

믿고 (자랑하지) 말아야 한다.

24. 약속은 실천이 가능한 것을 해야 하고, 도량은 헤아리기 어려울 정도로 (크게 해야 한다.)

25. 묵자는 실이 물드는 것을 보고 슬퍼하였고, 시경 고양편에서는 (대부들의 검소함을) 칭찬하였다.

26. 행실을 빛나게 하면 어진 사람이 되고, 생각을 잘하면 성인도 될 수 있다.

27. 덕을 세우면 명예도 얻게 되며, 몸을 단정하게 하면 거동도 바르게 된다.

28. 텅 빈 골짜기에서 (소리를 지르면) 그 소리가 (메아리가 되어 다시 자신에게) 전해져 오고, 텅 빈 방에서 (소리를 지르면 그 소리가) 겹쳐서 (다시 자신에게) 들려오듯이,

29. 재앙도 (자신이 쌓은) 악한 행위 때문에 찾아오며, 행복도 (자신이 쌓은) 착한 행위로 인하여 찾아온다.

30. 한 자나 되는 구슬도 (세월과 견주어 보면) 보배랄 것이 없으니, 짧은 시간이라도 (보배처럼 여기고) 다투듯이 (아껴야 한다.)

31. 부모 (섬김을) 바탕으로 하여 임금을 섬기는 것이니, 말하자면 엄숙하고 공경스럽게 (모시는 것이다.)

32. (부모께 하는) 효도는 힘을 다해야 하고, (임금께 하는 충성은) 목

숨을 다해야 한다.

33. (효도는) 깊은 (연못에) 접근하듯이, 얇은 (얼음을) 밟듯이, (그렇게 자신의 몸을 보전해야 하며), 일찍 일어나서 (부모님께 문안을 드리고,) 추우면 따뜻하게, 더우면 시원하게 해 드려야 한다.

34. (군자의 덕은) 난초 향기와 같이 (멀리 퍼지고), (군자의 기상은) 무성한 소나무와 같이 (고상하다.)

35. 냇물은 흘러서 쉬지 않으며, 연못은 맑아서 (사물이) 비춰진다.

36. 몸가짐과 행동거지는 사려 깊게 해야 하고, 언사는 안정되어야 한다.

37. 처음을 독실하게 하는 것도 진실로 아름다운 것이지만, 마지막까지 조심해서 아름답게 마무리하여야,

38. 영예로운 사업의 터전이 이로 인하여 더욱 끝없이 (발전한다.)

39. 배움이 넉넉해야 벼슬길에 올라, 관직을 가지고 정사에 종사할 수 있다.

⚘ 선정을 펼친 소공에 대한 찬탄

40. (주나라 남국 백성들은) 산사나무를 남겨 두라는 (내용의) 노래를

지어, (소백이) 떠나가고 난 다음에도 더욱 (그를 그리워하며) 노래를 불렀다.

⚘ 고대 사회의 예절

41. (고대 중국에서는) 풍류도 귀천의 신분에 따라 달랐으며, 예절도 높고 낮은 지위에 따라서 구별하였다.
42. 윗사람은 (서로) 화합하였으며, 아랫사람들도 (이를 본받아) 화목하였고, 남편이 앞서서 주창하면 아내는 이를 (잘) 따랐다.
43. (아동들은) 밖에 나가서는 스승의 가르침을 받았고, 집안에서는 어머니가 가르치는 규범을 받들었다.

⚘ 가족과 친구 간의 윤리와 수양

44. 모든 고모와 큰아버지, 작은아버지는 (조카들을 자기의) 자식이나 아이 같이 대해야 한다.
45. 형제끼리는 크게 사랑해야 하니, 같은 (부모님의) 기운으로 (태

어나 마치) 나뭇가지가 서로 붙어 있는 것과 같기 때문이다.

46. 친구는 의기가 투합하는 이를 사귈 것이며, 절차탁마하면서 (잘못이 없도록 서로) 경계해 주고 (잘못이 있으면) 바로잡아 주어야 한다.

47. 어진 마음으로 (사람을) 사랑하고 (불쌍한 사람을) 가엽게 여기는 (마음은) 잠시라도 떠나지 않게 해야 한다.

48. 절개와 의리와 청렴과 겸양함은 아무리 어려운 상황에서도 어그러지게 해서는 안 된다.

49. 성품을 고요히 하면 감정도 편안해지고, 마음이 (혼란스럽게) 동요하면 정신도 피곤해진다.

50. 진실함을 지키면 (훌륭한) 뜻이 가득 차게 되고, 물욕을 추구하면 (올바른) 뜻이 변하게 된다.

51. 아름다운 지조를 굳게 잡으면, 좋은 벼슬은 저절로 생기게 된다.

❀ 유명한 고대의 도읍지

52. 고대 중국의 (유명한) 도읍지는 동경(인 낙양)과 서경(인 장안),

이렇게 두 곳의 서울이다.

53. (동경인 낙양은) 북망산을 등지고 낙수를 앞에 두었고, (서경인 장안은) 위수에 떠 있으면서 경수를 기대고 있다.

도읍지의 모습과 공신들에 대한 처우 등

54. (도읍에는) 궁전이 빽빽하게 서려 있고, 누각은 높아 (하늘로) 나는 듯하여 놀라울 지경이다.
55. (궁전 건물에는 온갖) 새와 짐승의 그림을 그려 놓았고, 신선과 신령스러운 모습도 그려서 아름답게 채색하였다.
56. (정전의) 옆에 있는 병사의 문은 열려 있었고, 보배로 만든 아름다운 휘장은 (연회석의) 두 기둥 사이에 드리워져 있었다.
57. (연회 때는) 대자리를 펴고 방석을 진열하여 놓고, 비파를 연주하고 생황을 불었다.
58. (문무백관이 임금을 뵈려고) 계단을 올라 섬돌 앞으로 들어가면, (그들이 쓴) 관모의 (구슬들은) 별처럼 (빛났다.)
59. (정전의) 오른쪽은 광내전으로 통하고, 왼쪽은 승명전에 이른다.
60. 이미 삼분과 오전을 모은 다음에는, 또한 많은 영재를 모았다.

61. (광내전에서 수집한 것에는) 두조의 초서체 원고와 종요의 예서체 (진본도) 있었으며, 대나무 조각에 새긴 글과 벽에서 나온 경서도 있었다.

62. 궁정 안에는 장수와 재상이 늘어서 있고, (궁정 밖 큰)길을 끼고는 삼공과 구경의 (저택이 늘어서 있었다.)

63. (공신에게는) 여덟 고을의 민호를 봉토로 주었으며, 또한 이들 문벌에게 일천 명의 군사를 주었다.

64. 높은 관을 쓴 (고관들이) 임금의 수레를 모시고 뒤따라, 수레를 몰고 달리면 (그들의) 갓끈이 휘날렸다.

65. (이렇게 그들은) 대를 이어 녹봉을 받으며 사치스럽고 부유하게 살았으며, (그들의) 수레는 (왕의 것처럼 훌륭했고 그들이 타는 말은)살이 쪘으며 (그들이 입은 가죽옷은) 가벼웠다.

66. (조정에서는 이들의) 공적을 기록하여 실적에 힘쓰도록 하였으며, (공적의 내용을) 비석에 새겨서 (후세에 전하였다.)

ஐ 주나라 초기의 유명 인물

67. 강태공과 이윤은 (각기 그 시대에서 천자를) 보좌한 (훌륭한) 재상

들이다.

68. 엄나라를 (멸하고 그 땅에) 저택을 지으니 (그곳이 오늘날) 곡부인데, 주공 단이 아니라면 누가 그 일을 할 수 있었겠는가?

⊛ 춘추전국시대의 역사와 인물

69. (제나라) 환공은 (천하를) 바로잡고 (제후들을) 규합하였으며, 약한 (나라를) 구제하고 기울어지는 (작은 나라들을) 도와서 붙들어 주었다.

70. 기리계는 혜제가 (태자에서 폐위될 위기를) 모면하게 했으며, 부열은 은나라 왕 무정을 (꿈속에서) 감동시켰다.

71. 뛰어난 인물들이 (나라를 위해) 부지런히 힘썼는데, (그렇게) 많은 관리들로 인하여 (나라가) 참으로 평안하였다.

72. (춘추시대에) 진나라와 초나라가 번갈아서 패권국가가 되었고, (전국시대에) 조나라와 위나라는 연횡책 때문에 곤경에 처했다.

73. (진나라 헌공은 우나라의) 길을 빌려 괵나라를 멸망시켰고, (진나라 문공은) 천토라는 (땅으로 제후들을 불러서) 회맹하였다.

74. 소하는 (한고조의) 간략한 법을 준수하였고, 한비자는 번잡한 형벌로 폐해를 가져왔다.

75. 백기와 왕전과 염파와 이목은 군사를 쓰는 데 가장 능통하여서,

76. (그들의) 위엄을 (멀리) 사막에까지 떨쳤으며, 명예는 초상으로 그려(져서 후대까지 전해)졌다.

❀ 중국의 영토와 명승지

77. 구주는 우임금이 나눈 자취고, 일백 개의 군은 진나라가 병합한 것이다.

78. (오악 가운데) 태산이 으뜸이어서, 봉선제사를 주로 (태산과 태산 아래의) 운운산이나 정정산에서 지냈다.

79. (유명한 관문은) 안문관이고, (유명한 요새는) 만리장성이며, (유명한 역참이 있던 곳은) 계전이고 (아름답기로 유명한 산은) 적성산이다.

80. (호수는) 곤명지(가 유명하고 바다 경관을 보는 데는) 갈석산(이 유명하며), (또한 호수로) 거야택과 동정호(도 유명하다.)

81. (이렇게 중국의 강과 호수는) 광활한 지역에 멀리멀리 이어져 있

으며, (산과 골짜기는) 아스라이 펼쳐져서 그윽하다.

⚛ 고대 중국의 농업정책과 조세제도

82. (나라를) 다스리는 근본은 농업에 있으니, 심고 거두는 일에 힘써야 한다.
83. 양지 바른 땅에서 (농사를) 시작하니, 나는 기장과 조를 심으리라.
84. 익은 곡식으로 세금을 내게 하고 새 곡식으로 바치게 하되, (이를 권하여 잘하는 백성에게는) 상을 주고, (관리는 실적에 따라) 강등을 시키거나 승진을 시켰다.

⚛ 마음가짐과 처세

85. 맹자께서는 (꾸밈없는) 소박함을 숭상하셨고, 사어는 곧은 성품을 지녔다.
86. 중용의 도에 거의 가깝게 도달하려면, 공로가 있어도 겸허

해야 하며 (언행도) 조심해야 한다.

87. (남이 하는) 말을 듣고 (그것이) 이치에 맞는지 살펴보아야 하고, (남이 하는) 모양을 보고 (그의) 속마음도 분간해야 한다.

88. (자신이 가진) 아름다운 그 계책을 (자손에게) 남겨 주어, (그들이 이를) 공경스럽게 (받아) 처세하도록 권면해야 한다.

89. (남이) 비웃으며 경계하면 (먼저) 자신을 반성해 보며, (임금의) 총애가 커질수록 (자신의 언행이) 극단으로 가는 것을 막아야 한다.

90. 위태롭고 치욕스럽게 부끄러움을 당할 일이 가까이 (닥치려 할 때는), 수풀 우거진 언덕이 (관직을 버리고) 다행스럽게 나갈 곳이다.

⁂ 처세를 잘한 두 사람

91. 소광과 소수는 (위험이 닥칠) 조짐을 예견하고, 인끈을 풀어 놓고 (시골로 돌아갔으니) 누가 (그들을) 핍박할 수 있었겠는가?

92. (그리하여 그들은) 한가로운 곳에 홀로 거처하면서, 말없이 마음을 비우고,

93. 옛(사람의 일을) 탐구하고 (훌륭한) 학설도 연구하며, (마음속의) 걱정을 털어 내고 한가롭게 노닐 수 있었다.

94. (이렇게 하면) 기쁨은 찾아오고 고민은 사라지며, 근심은 사라지고 환희가 밀려온다.

❀ 사계절의 풍경

95. (여름에는) 연못에 연꽃이 찬란하게 피어나고, (봄에는) 정원의 풀과 나무가 새로운 잎과 가지를 뻗어 내며,

96. (겨울에는) 비파나무 (잎이) 늦도록 푸르러 있고, (가을에는) 오동나무 (잎이) 일찍 시든다.

❀ 가을의 황량한 풍경

97. (고목의) 묵은 뿌리는 시들어서 말라 있고, 낙엽은 (이리저리) 바람에 흩날리는데,

98. 멀리서 노니는 커다란 새 한 마리가 홀로 날갯짓하며, 붉은

구름 낀 하늘 끝 멀리로 솟아오른다.

⁂ 학업에 열중한 왕충

99. (왕충은) 시끄러운 시장의 서점에서 책을 탐독하였는데, (길거리에서도) 책 보따리와 책 상자 (말고는) 쳐다보지도 않았다.

⁂ 일상생활에 대한 단편들

100. (말을) 쉽고 가볍게 하는 것은 군자가 두려워해야 할 바이니, (말할 때는 누군가) 담장에 귀를 붙이고 있(는 듯이 조심해야 한)다.
101. 반찬을 갖추어 밥을 먹더라도, 입맛에 맞게 배를 채울 (따름이다.)
102. 배가 부르면 삶은 고기도 물리고, 배가 고프면 거친 음식도 (어찌) 싫어(하겠는가?)
103. 친척과 오랜 친구에게 (음식을 대접할 때는), 늙고 젊음에 따라 (대접할) 음식을 다르게 해야 한다.

⁂ 중류층 가정부인의 생활

104. 부인은 길쌈하는 일을 주관하고, 시녀는 규방에서 (부인의 생활을) 돕는다.

⁂ 부유한 사람들의 화려한 생활

105. (부유한 사람들은) 흰 비단으로 만든 둥글고 깨끗한 부채(를 들고 다니며), (집 안은) 은으로 만든 촛대의 불빛으로 휘황찬란하게 (밝혔다.)

106. (이들은) 낮에도 (일하지 않고) 휴식을 취했으며, 밤에는 푸른 대나무 껍질(로 만든 자리와) 상아로 꾸민 침대에서 잠을 잤다.

107. 거문고를 타며 노래를 부르고 술을 준비하고 잔치를 열어, (서로) 술잔을 부딪치고 술잔을 들었으며,

108. (양)손을 쳐들고 발을 구르면서 (춤추며,) 기뻐하고 편안해하면서 즐거워하였다

109. 정실이 낳은 맏아들로 집안의 계통을 이었으며, 겨울제사와 가을제사를 지내는데,

110. 이마를 조아리며 두 번 절하면서, (조상들에 대해) 송구해하고 황공해하였다.

⊛ 일상생활과 관련된 단편들

111. (보내는) 편지는 간략하게 요약해서 써야 하고, 회답하는 편지는 이와 반대로 자세하게 써야 한다.

112. (사람들은) 몸에 때가 끼면 목욕할 것을 생각하고, 뜨거운 것을 잡으면 (뜨거운 손이 재빨리) 시원해지기를 바란다.

113. 당나귀와 노새와 송아지와 황소가, 놀라서 펄쩍 뛰는 놈이 있고, 펄쩍 뛰어 내달리는 놈, 제자리에서 펄쩍펄쩍 뛰는 놈도 있다.

⊛ 도둑과 배반자에 대한 처벌

114. 강도와 도둑은 (죄에 따라) 처벌하고, (나라를) 배반하고 망명한 자는 (추적하여) 체포하였다.

ꕥ 중국 역사에 유명한 여덟 명의 사람

115. 여포는 (활을 잘) 쏘았고 웅의료는 공을 (잘 가지고 놀았으며), 혜강은 거문고를 (잘 탔고) 완적은 휘파람을 (잘) 불었다.

116. 몽염은 붓을 만들었고 채륜은 종이를 만들었으며, 마균은 교묘한 (발명을 잘하였고) 임공자는 낚시를 잘하였다.

117. (위의 여덟 사람 같은 이들은 세상의) 분란을 해결하고 풍속을 이롭게 (한 사람들이니), 모두 아름답고 묘한 (재주를 가진 사람들이었다.)

ꕥ 중국의 미인들

118. 모장과 서시는 아름다운 자태를 (가져서), 찡그리는 모습조차 아름다웠고, 아름다운 미소를 지녔다.

ꕥ 인생무상과 영원에 대한 희구

119. 세월은 화살과 같이 (흐르며) 항상 (늙음을) 재촉하지만, 태양

의 빛은 (매일매일 영원토록) 밝게 빛나며,

120. 북두칠성은 (하늘에) 매달려 (끊임없이) 빙빙 돌아가고, (달빛은) 어두웠다가 다시 밝아지면서 (영원토록) 순환하며 비추는구나.

ꕥ 선조의 희생을 통한 후손의 행복

121. 기름은 땔나무에 (불을 붙이기 위해 자신을 태우며 사라지지만, 그 기름이 붙인 불은 계속 옮겨 가서 꺼질 줄을 모르듯이, 사람도 기름처럼 그렇게 자신을 희생하며) 복을 닦으면, (후세의 자손들이 그 덕택으로) 오래토록 편안히 행복하고 아름답게 (살아갈 수 있다.)

ꕥ 관리들의 모습

122. (관리는) 걸음을 방정하게 걷되 목도 펴서 (얼굴을 바르게 하고,) 조정에 나가 (임금을 도와 정사를 볼 때) 고개를 숙이고 드는 것을 (엄숙하고 공경스럽게 하며,)

123. 관대를 매고 (예복으로) 엄숙하게 꾸미고, (이곳저곳) 돌아다니니 (사람들이) 우러러본다.

학식과 견문

124. (아는 것이) 고루하고 천박하며 견문이 적으면, 어리석은 사람과 마찬가지로 (남들에게) 비웃음을 받는다.

어조사 설명

125. 어조사라고 하는 것은, 焉(언)과 哉(재)와 乎(호)와 也(야)와 같은 것들이다.

주흥사 천자문에 대한 명사들의 평가

명나라 때 고문(古文)의 대가였던 왕세정(王世貞)은 천자문을 「절묘한 문장」이라고 했고, 청나라의 저인확(褚人獲)은 제한된 글자를 가지고 조리가 관통하고 조금도 착오가 없으며, 어지러운 실타래에서 긴 실을 뽑아내는 것과 같다고 칭찬했다. 또, 중국의 문학혁명에 적극적으로 참여한 호적(胡適)은 자신이 천자문의 첫 두 구절인 「天地玄黃 宇宙洪荒」을 다섯 살 때부터 읽었으나 대학교수를 10년을 하고 있는 지금도 위 두 구절의 뜻을 이해하지 못한다고 말했다.

올바른 독해와 알기 쉬운 해설

천자문, 정확하게 읽어보자!

천자문 해설

아래의 천자문 해설에서는 글자의 훈음을 일반훈음(대표훈음)이 아니라 문장에 합당한 훈음으로 달았으며, 중국어 발음표시는 대륙에서 사용하는 한어병음을 사용하였다. 한글 번역에 있어서는 원문에 명확하게 생략된 의미가 있을 경우 그 생략된 의미를 괄호 안에 추가하여 내용을 분명하게 하였다. 또한 2개 이상의 구절이 내용적으로 연결되거나 유기적 문단을 형성할 경우에는 연결접속사를 이용하여 전체 문장을 논리적으로 이해할 수 있게 하였다. 필요한 부분에는 문법 설명을 가하고 출전을 밝혔다.

천자문은 천지와 우주의 형상과 현상에 대한 설명으로 시작한다(1-2문).

1

天地玄黃, 宇宙洪荒 천지현황, 우주홍황

tiān dì xuán huáng, yǔ zhòu hóng huāng

하늘 천, 땅 지, 검은색 현, 노란색 황, 우주 우, 우주 주, 넓을 홍, 황량할 황

(밤)하늘은 검은색이고 (낮)땅은 노란 색이며, 우주는 넓고도 황량하다.

⋮

❈ 天地(천지): 여기에서 天(천)과 地(지)는 각기 단음절어로서 문장에서 주어의 역할을 별도로 한다. 天(천)의 술어는 玄(현)이고 地(지)의 술어는 黃(황)이다.

❈ 하늘이 검다고 한 것은 어두운 밤하늘을 보고 말한 것이며, 땅이 노랗다고 말한 것은 한낮의 황토 땅이나 곡식이 무르익은 가을 벌판을 보고 말한 것이다. 이 문장을 너무 철학적으로 심오한 것인 양 우주론적으로 굳이 설명해야 할 이유는 없다.

※ 천자문의 저자는 천자문의 내용 중 많은 부분을 방대한 중국 고전에서 가져왔다. 천자문의 첫 구절도 그렇게 시작한다. 주역(周易) 곤괘(坤卦) 문언전(文言傳)에 『天玄而地黃』(천현이지황 : 하늘은 검고 땅은 누르다)이라는 구절이 있다. 따라서 이 구절의 일반적인 문장구조는 '天玄地黃(천현지황)'이지만 이렇게 '天地玄黃(천지현황)'이라고 한 이유는 운(韻)을 맞추려고 했기 때문이다.

※ 宇宙(우주)는 앞 구의 天地(천지)와는 달리 쌍음절어이다. 宇(우)는 무한한 공간, 宙(주)는 무한한 시간을 의미하는데, 두 글자가 합쳐져 무한한 시공간을 가진 우주의 뜻이 된다. 宇(우)의 대표 훈음은 〈집 우〉, 宙(주)의 대표 훈음은 〈집 주〉이지만, 이 구절에서는 문장의 내용에 따라 위와 같이 읽는 것이 옳다.

※ 洪荒(홍황)에서 洪(홍)은 넓을 공간을 의미하며, 荒(황)은 그 공간이 황폐하여 거칠다는 뜻으로 무한하게 넓은 밤하늘에 별들이 드문드문 있어서 이렇게 표현하였다. 洪(홍)과 荒(황)은 쌍음절어 주어인 宇宙(우주)에 딸린 2개의 병렬된 술어이다.

※ 회남자(淮南子)에 『上下四方(상하사방)을 宇(우)라고 하고, 古往今來(고왕금래)를 宙(주)라고 한다.』라는 구절이 있고, 태현경(太玄經)에는 『洪荒之世』(홍황지세 : 넓고 황량한 세계)라는 구절이 있다.

2

日月盈昃, 辰宿列張 **일월영측, 진수열장**

rì yuè yíng zè, chén xiù liè zhāng

해 일, 달 월, 달찰 영, 해기울 측, 별 진, 별자리 수, 늘어설 렬, 펼쳐질 장

해는 (떴다가) 기울고 달은 (찼다가) 이지러지며,
별과 별자리들은 (하늘에) 늘어서서 펼쳐져 있다.

⋮

※ 日月(일월)에서 日(일)과 月(월)은 각기 단음절어로 각자 주어가 된다. 日(일)의 술어는 昃(측)이고 月(월)의 술어는 盈(영)이다.

※ 盈昃(영측)에서 盈(영)은 달이 초승달에서 보름달이 되는 현상을 말한다. 보름달에서 그믐달이 되는 것은 虧(휴 : 이지러지다)라고 한다. 이 문장에는 달이 차고 기우는 것이 모두 함축되어 있다. 昃(측)은 태양이 남중(南中)했다가 서쪽으로 기울어지는 것을 뜻하는 글자로, 하오(下午)라는 뜻도 있다. 역시 이 문장에도 해가 뜨고 지는 것이 모두 함축되어 있다.

※ 辰宿(진수)에서 辰(진)은 별(星)들의 총칭인데, 하늘의 별자리들이 1년간 순환하는 것을 12로 나눈 것이라는 해설도 있다. 宿(수)는 별자리로, 이 문장에서는 이 글자를 대표 훈음인 〈잘 숙〉이라고 읽으면 안 된다. 星(성)은 하나하나의 별을 뜻하고, 宿(수)는 2개 이상의 별들이 어떤 모양으로 있는 것을 가리킨다.

※ 列張(열장)에서 列(열)은 배열(排列)되어 있다는 뜻이고, 張(장)은 펼쳐져 있다(張布)는 뜻이다.

3문은 지구의 기후와 농경사회의 생활에 대한 설명이다.

3

寒來暑往, 秋收冬藏 한래서왕, 추수동장

hán lái shǔ wǎng, qiū shōu dōng cáng

추위 한, 올 래, 더위 서, 갈 왕, 가을 추, 거둘 수, 겨울 동, 저장할 장

추위가 오면 더위가 가고, 가을에는 추수하고 겨울에는 저장한다.

⋮

※ 寒(한)의 대표 훈음은 〈찰 한〉이고 暑(서)는 〈더울 서〉이지만 이 구절에서는 기후를 나타내므로 위와 같이 읽는 것이 좋다. 주역(周易)에 『寒來則暑往, 暑往則寒來』(한래즉서왕, 서왕즉한래 : 추위가 오면 더위가 가고 더위가 가면 추위가 온다)라는 구절이 있다.

※ 앞의 구절에서는 계절의 변화를 표현하고, 뒤의 구절에서는 계절의 순환에 적응하여 살아가는 농경사회의 생활 방식을 묘사하였다.

4문은 고대 중국인들이 역법(曆法)을 만든 이치에 대한 설명이다.

4

閏餘成歲, 律呂調陽 윤여성세, 율려조양

rùn yú chéng suì, lǜ lǚ tiáo yáng

윤달 윤, 남을 여, 이룰 성, 해 세, 음이름 률, 음이름 려, 조절할 조, 양기 양

남는 (날들을 모아) 윤달을 두어 한 해의 길이를 맞추었고,

율려로 음양을 조절하였다.

⋮

※ 閏(윤) : 고대 중국인들은 달이 한 번 찼다가 기우는 것을 1달로 하여 12달을 1년으로 삼았다. 그런데 12달은 약 354일이고 1년은 약 365일이므로 12달과 1년의 날수가 일치하지 않는 현상이 생긴다. 즉, 1년은 12달로 채우고도 11일이 남기 때문에 이렇게 남는 11일을 모아 3년이 되면 1달을 채울 수 있으므로, 이 남는 날을 모아서 3년마다 윤달을 두어 1년의 길이를 맞추었다는 뜻이다.

※ 律呂(율려) : 전설에 의하면 황제가 영윤을 시켜 곤륜산 북쪽 해곡에 있는 대나무를 가져오게 하여 그 마디를 잘라 피리 12개를 만들었는데, 모두 반음씩 차이가 나는 12개의 음(音)이 만들어졌다고 한다. 가장 낮은 음부터 이름하여 (1) 황종(黃鐘), (2) 대려(大呂), (3) 태주(太簇), (4) 협종(夾鐘), (5) 고선(姑洗), (6) 중려(中呂), (7) 유빈(蕤賓), (8) 임종(林鐘), (9) 이칙(夷則), (10) 남려(南呂), (11) 무역(無射), (12) 응종(應鐘)이라고 하였다.

이 가운데서 홀수의 음 6개를 양(陽)의 음(音)으로 규정하고 律(률)이라고 하였으며 짝수의 음은 呂(려)라고 하여 음(陰)의 음(音)으로 규정하였다.

이렇게 율과 려로 구분하여 음악의 음계를 조절하였는데, 이 구절에서는 이를 음악에 뿐만 아니라 더 나아가 12개의 음을 1년 12달에 분배하여 역법(曆法)에도 적용한 것을 가리킨다. 12개 음의 첫 번째인 황종은 11월, 두 번째 음인 대려는 12월, 이렇게 하여 마지막 음인 응종은 10월에 배정하였다.

※ 뒷구절의 調陽(조양)은 調陰陽(조음양)의 뜻인데, 글자 수와 운율을 맞추기 위해 陰(음)자를 생략한 것이다.

5문은 지구의 자연현상에 대한 기술이다.

5

雲騰致雨, 露結爲霜 운등치우, 노결위상

yún téng zhì yǔ, lù jié wéi shuāng

구름 운, 오를 등, 이룰 치, 비 우, 이슬 로, 맺힐 결, 될 위, 서리 상

구름이 올라가서 비가 되고, 이슬이 맺혀서 (얼면) 서리가 된다.

⋮

※ 이 평범한 문장에서 지구 자연현상의 신비로움을 명상해 볼 수는 있겠다.

6-8문은 중국의 물산 가운데 유명하고 귀한 것을 기술하였다.

6

金生麗水, 玉出崑崗 금생려수, 옥출곤강

jīn shēng lì shuǐ, yù chū kūn gāng

쇠 금, 날 생, 고울 려, 물 수, 구슬 옥, 날 출, 곤륜산 곤, 산등성이 강

쇠는 여수라는 강에서 나(는 것이 유명하)고,

옥돌은 곤륜산의 산등성이에서 나(는 것이 유명하)다.

⋮

※ 麗水(여수)는 중국 운남성에 있는 강의 이름이다. 옛날부터 물에 있는 모래를 일어서 금을 채취하였다고 한다. 금사강(金沙江)이라고도 불린다.

※ 崑(곤)은 곤륜산을 말한다. 중국의 먼 서쪽 황하강의 발원지라고 믿어졌던 산으로, 하늘에 닿을 만큼 높고 보옥(寶玉)이 나는 명산으로 전해졌다. 초(楚)나라의 변화씨(卞和氏)가 이 산에서 옥을 얻어 성왕에게 바쳤다는 이야기도 전해진다.

7

劍號巨闕, 珠稱夜光 검호거궐, 주칭야광

jiàn hào jù què, zhū chēng yè guāng

칼 검, 이름 호, 클 거, 대궐 궐, 구슬 주, 일컬을 칭, 밤 야, 빛 광

칼로서 (이름난 것은) 거궐검이요,

구슬로서 (훌륭하다고) 일컬어지는 것은 야광주이다.

⋮

※ 巨闕(거궐)은 구야자(歐冶子)라는 사람이 만든 보검인데, 월(越)나라의 왕 구천(句踐)이 오(吳)나라를 멸망시키고 얻은 보검 6개 가운데 하나라고 한다. 6개의 보검은 이 거궐검과 함께 오구검(吳鉤劍), 담로검(湛盧劍), 간장검(干將劍), 막야검(莫耶劍), 어장검(魚腸劍)이다.

※ 夜光(야광) : 야광주를 가리킨다. 춘추시대 수(隨)나라 임금이 용의 새끼를 살려 주자 용이 그 은혜로 한 자가 넘는 구슬을 보답으로 주었는데, 그 구슬은 밤에도 낮과 같이 밝은 빛을 내었다고 한다.

8

果珍李柰, 菜重芥薑 과진이내, 채중개강

guă zhēn lǐ nài, cài zhòng jiè jiāng

과일 과, 보배 진, 자두 리, 능금 내, 나물 채, 귀중할 중, 겨자 개, 생강 강

과일 가운데 보배는 자두와 능금이고, 채소 가운데 귀중한 것은 겨자와 생강이다.

⋮

※ 李(리)는 오얏이라고 하는데, 요즘 말로는 자두이다. 柰(내)는 버찌라고 흔히 알고 있는데, 이 문장에서는 능금을 뜻하며 빈파(頻婆)라고도 한다. 따라서 柰(내)를 〈벚 내〉라고 읽으면 안 된다. 버찌가 그렇게 맛이 있는 과일이 아니기 때문이다.

※ 진(晉)나라 왕융(王戎)이라는 사람에게 자두 가운데 좋은 종자가 있었는데, 다른 사람이 가질까 봐 두려워 모든 씨에 구멍을 뚫어 결국 자신도 가질 수 없게 되었다는 고사가 있다.

※ 채소 가운데 일반 채소는 흔했겠지만, 약성이 좋은 양념채소는 실제로 귀했을 것이다.

9문은 평범한 자연현상을 기술하였다.

9

海鹹河淡, 鱗潛羽翔 해함하담, 인잠우상

hǎi xián hé dàn, lín qián yǔ xiáng

바닷물 해, 짤 함, 민물 하, 싱거울 담, 비늘 린, 자맥질할 잠, 깃 우, 날아다닐 상

바닷물은 짜고 민물은 싱거우며, 비늘 달린 것들은 (물속에서)
자맥질하고, 깃이 달린 것들은 날아다닌다.

⋮

※ '비늘 달린 동물 360종에 용이 으뜸이고, 깃이 있는 동물 360종에 봉황이 으뜸'이라는 해설도 있는데, 용과 봉황은 상상의 동물이므로 이 구절에 대한 해설로는 적합하지 않다. 이 구절은 실제로 땅에 존재하는 동물들에 대한 설명으로 보아야 한다.

10-13문은 중국 고대의 역사와 관련된 내용이다.

10

龍師火帝, 鳥官人皇 용사화제, 조관인황

lóng shī huǒ dì, niǎo guān rén huáng

용 룡, 벼슬이름 사, 불 화, 임금 제, 새 조, 벼슬 관, 사람 인, 임금 황

(태호 복희씨는 용으로 벼슬이름을 붙여서) 용사라고 부르고,
(염제 신농씨는 불을 나누어 주며 벼슬이름을 붙여서) 화제라고 부르며,
(소호 금천씨는 새의 이름으로 벼슬을 표기하여) 조관이라고 부르고,
(황제 헌원씨는 인문을 열었으므로) 인황이라고 부른다.

⋮

※ 龍師(용사)는 처음으로 팔괘(八卦)를 그렸다고 전해지는 태호(太昊) 복희씨(伏羲氏)를 가리킨다. 그는 청룡관(靑龍官), 적룡관(赤龍官), 황룡관(黃龍官) 등 용의 이름으로 관직의 이름을 붙였기 때문에 龍師(용사)라고 불린다.

※ 火帝(화제)는 신농씨(神農氏)를 가리킨다. 신농씨의 성은 姜(강)

이고 호(號)는 염제(炎帝)라고 한다. 그는 자칭 '태양신(太陽神)', '화덕왕(火德王)'이라고 하였으며, 불을 나누어 주면서 백관의 관직 이름을 붙였으므로 火帝(화제)라고 불린다.

※ 鳥官(조관)은 소호(少昊) 금천씨(金天氏)를 가리킨다. 이 구절에서 소호씨는 삼황오제 중 오제(五帝)를 대표한다. 오제의 시기는 태평성세여서 봉황과 같은 상서로운 새들이 날아왔으므로, 소호 금천씨는 백관의 관직 이름을 봉조관(鳳鳥官), 현조관(玄鳥官), 청조관(靑鳥官) 등 새의 이름으로 정하였다고 한다.

※ 人皇(인황)에 대하여 원고(遠古) 시기의 삼황(三皇)인 천황(天皇) · 지황(地皇) · 인황(人皇) 가운데 인황이라고 보는 설이 있고, 태고(太古) 시기의 삼황인 복희(伏羲) · 신농(神農) · 황제(皇帝) 가운데 황제로 보는 설도 있다. 후자의 황제는 헌원씨(軒轅씨)를 말한다.
후자의 견해는 앞의 구에 후자의 삼황 가운데 두 사람인 복희와 신농이 언급되었고, 이어지는 구에는 삼황시기를 이은 오제시기의 대표로 소호씨를 언급한 것을 감안한 것으로 보인다. 또한 중국인들이 그들의 시조를 황제 헌원이라고 보고

있으며, 그때부터 문명사회(인문사회)가 열렸다고 보기 때문일 것이다.

실제로 중국에서는 황제를 '인문초조(人文初祖)'라고 존칭하며 중국 역사의 기원을 황제로부터 잡는다. 이에 따라 후자의 견해를 따른다. 人皇(인황)이 鳥官(조관)보다 시대적으로 앞서는데 뒤에 기록한 까닭은 천자문을 운문으로 만들기 위해서이다.

※ 중국의 역사시기에 대하여 복희씨 전은 원고(遠古)라고 하고, 복희 · 신농 · 황제의 삼황 시기는 태고(太古)라고 하며, 하, 은 · 주 · 진 · 한의 시기는 상고(上古)라고 하고, 위 · 진 · 남북조와 수 · 당의 시기는 중고(中古)라고 한다.

11

始制文字, 乃服衣裳 시제문자, 내복의상

shǐ zhī wén zì, nǎi fú yī cháng

비로소 시, 지을 제, 글월 문, 글자 자, 또 내, 옷입을 복, 윗옷 의, 아래옷 상

(황제 헌원 때에 이르러) 비로소 문자를 만들었으며,
또 윗옷과 아래옷도 (만들어서) 입게 되었다.

⋮

※ 始制文字(시제문자) : 노끈을 묶어서 의사를 표시하던 것에서 발전하여 글자를 만들어 사용하기 시작한 것을 말한다. 전설에 의하면 황제 헌원의 사관(士官)이었던 창힐(蒼頡)이 글자를 만들었다고 하는데, 다만 전설일 뿐이다. 그러나 하여간 창힐은 중국에서 '조자성인(造字聖人)'으로 존칭되었다.

※ 乃服衣裳(내복의상) : 사기(史記) 오제본기(五帝本紀)에 황제가 헌원의 언덕에서 살 때 서릉(西陵)의 여인 누조(嫘祖)를 아내로 맞았는데 황제의 정비(正妃)가 되었다는 기록이 있다. 또한 전설에 이 누조가 누에를 길러 비단을 짜 옷을 만드는 방법을

창조하였다고 전해진다. 북주(北周) 이후로 그녀를 선잠(先蠶=蠶神)이라 불렀으며, 중국인들은 누조를 중국 역사상 가장 걸출한 여성의 대표로 여기면서 '선잠성모(先蠶聖母)'라고 존칭하여 받들어 모신다.

※ 이렇게 황제시대에 이르러 비로소 제대로 된 옷을 입고 문자를 사용하였으며, 여러 가지 기구를 만들어 사람들의 생활을 사람답게 하였다고 여기기 때문에, 중국인들이 황제를 인문의 시대를 열었다는 의미에서 인황이라고 존칭하는 것이다.

※ 한자(漢字)를 문자(文字)라고 한다. 한자는 하나의 글자가 하나의 단어인데(연면어를 제외하고), 하나의 글자를 구성하는 데 의미가 있는 최소한의 단위를 文(문)이라고 한다. 字(자)는 1개의 文(문)으로부터 그 이상의 문이 합쳐진 것이다.
예를 들어 斬(참)이라는 하나의 字(자)는 車(차)와 斤(근)이라는 2개의 文(문)이 합쳐진 字(자)이다. 물론 車(차)와 斤(근)도 하나의 字(자)인데 이것들은 文(문)이 1개인 字(자)이다.

12

推位讓國, 有虞陶唐 퇴위양국, 유우도당

tuī wèi ràng guó, yǒu yú táo táng

물려줄 퇴, 자리 위, 넘겨줄 양, 나라 국, 있을 유,

헤아릴 우, 질그릇 도, 나라이름 당

(임금의) 자리를 물려주고 나라를 넘겨준 사람은

(순임금인) 유우와 (요임금인) 도당이고,

⋮

※ 대부분의 학자들은 推位(퇴위)에서의 推(퇴)를 〈천거할 추〉 또는 〈밀 추〉로 읽는다. 그것도 좋겠지만 이 글자에 〈물려줄 퇴〉라는 훈음도 있고, 이것이 문맥으로 보아 조금 더 합당하다고 생각하여 이를 택하였다.

※ 유우(有虞) : 순(舜)임금을 가리킨다. 유우씨(有虞氏)는 당시 순임금이 속한 부락 이름이고, 그 부락의 시조는 우막(虞幕)이다. 순임금은 이 우막의 후손이다.

※ 도당(陶唐) : 요(堯)임금을 가리킨다. 요임금은 제곡(帝嚳)의 아들로, 이름은 방훈(放勳)이다. 처음에 도(陶)에 봉해졌다가 나중에 당(唐)으로 옮겼기 때문에 도당(陶唐)이라고 한다.

※ 이 문장은 요(堯)임금이 아들 단주(丹朱)에게 임금의 자리를 물려주지 않고 능력이 있는 순(舜)에게 나라를 넘겨주었고, 순(舜)임금도 자신의 아들인 상균(商均)에게 나라를 넘겨주지 않고 우(禹)에게 넘겨주었다는 뜻이다. 한편 순임금은 요임금의 자리를 찬탈하였고, 우임금도 순임금의 자리를 찬탈했다는 설도 있다.

※ 이 구절에서도 도당(陶唐)이 유우(有虞)보다 시기적으로 앞이지만 운(韻)을 맞추기 위해 순서를 바꾸었다.

13

弔民伐罪, 周發殷湯 조민벌죄, 주발은탕

diào mín fá zùi, zhōu fā yīn tāng

위로할 조, 백성 민, 정벌할 벌, 허물 죄,

나라이름 주, 필 발, 나라이름 은, 끓일 탕

(어려운) 백성을 (구하여) 위로하고 죄 있는 자를 정벌한 사람은,

주나라의 (무왕이 된) 발과 은나라의 탕왕이다.

⋮

※ 弔民伐罪(조민벌죄) : 弔民(조민)은 고난을 겪고 있는 백성을 위로하고 안무(按撫)하는 것을 말하며, 伐罪(벌죄)는 죄악을 행하는 통치자를 정벌하는 것을 말한다.

※ 周發殷湯(주발은탕) : 周發(주발)은 주나라의 무왕을 말한다. 무왕의 이름이 發(발)이다. 그리고 殷湯(은탕)은 은나라의 탕임금을 말한다.

14-18문까지는 훌륭했던 왕들의 정치에 대한 찬양이다.

14

坐朝問道, 垂拱平章 좌조문도, 수공평장

zuò cháo wèn dào, chuí gǒng píng zhāng

앉을 좌, 조정 조, 물을 문, 도리 도, 드리울 수, 손맞잡을 공, 다스릴 평, 밝힐 장

(훌륭한 왕들은) 조정에 앉아서 (정치의) 도리를 묻고,
(옷깃을) 드리우고 두 손을 맞잡고 (백성을) 다스려 밝게 하였다.

⋮

※ 坐朝問道(좌조문도) : 坐(좌)는 무릎을 땅에 대고 엉덩이가 발뒤꿈치를 누르게 하면서 앉는 자세를 말한다. 이와 비슷한 跪(궤 : 꿇어앉다)는 무릎을 땅에 대는 것은 坐(좌)와 같지만, 엉덩이가 발뒤꿈치로부터 어느 정도 떨어진 상태로 앉는 것을 말한다. 특히 무릎을 꿇고 다리의 윗부분을 곧게 펴서 몸과 일직선이 되도록 똑바로 앉는 것을 장궤(長跪)라고 한다.

이 구절은 왕과 신하가 함께 앉아서 회의를 통해 정사(政事)를 의논했다는 뜻이다. 그런데 왕이 신하들과 정사를 의논할 때

무릎을 꿇고 앉았는지 의자에 앉았는지는 모르겠으나, 군신(君臣)이 조정의 당(堂)에서 함께 의자에 앉아 정사를 논의하는 규칙을 만들어 시행한 것은 진(秦)나라 시황제(始皇帝) 때부터라고 한다.

그 이후 역대의 모든 황제들이 이 규칙을 따랐는데, 북송의 태조 조광윤에 이르러 황제 혼자만 의자에 앉고 신하들은 모두 서서 조회(朝會)를 하는 참조(站朝)로 개혁하여 시행되었다고 한다.

※ 垂拱平章(수공평장) : 垂拱(수공)은 〈옷깃을 드리우고 두 손을 맞잡고〉라는 뜻인데, 어떤 강제력을 사용하지 않고 덕으로 백성을 다스렸음을 나타내려는 표현이다. 즉, 무위이화(無爲而化)의 덕치(德治)를 했다는 암시이다. 平章(평장)은 백성을 다스려서 풍속을 밝게 했다는 뜻이다.

15

愛育黎首, 臣伏戎羌 애육려수, 신복융강

ài yù lí shǒu, chén fú róng qiāng

사랑할 애, 기를 육, 검을 려, 머리 수,

신하 신, 복종할 복, 민족이름 융, 민족이름 강

백성을 사랑하면서 (잘 살도록) 육성하니,

사방의 민족들도 (감화를 받아) 신하처럼 복종하게 되었으며,

⋮

※ 愛育黎首(애육려수) : 愛育(애육)은 사랑으로 기른다는 뜻이다. 黎首(려수)는 검은 머리라는 뜻인데, 일반 백성들은 관모를 쓰지 않아 검은 머리카락이 그대로 드러나 이렇게 표현하였다고 한다. 黎(려)에는 〈많다〉라는 뜻도 있다.

※ 臣伏戎羌(신복융강) : 臣伏(신복)은 신하처럼 복종하게 되었다는 뜻이다. 戎(융)과 羌(강)은 당시 중국의 서쪽에 살던 이민족들이다. 중국의 동서남북에 많은 민족들이 살고 있었는데, 이 구절에서는 그 가운데 서쪽 민족의 이름만을 들어서 사방

의 모든 민족들을 대표해 가리켰다.

戎(융)과 羌(강)을 아직도 〈오랑캐 융〉, 〈오랑캐 강〉이라고 읽는데 이는 즉시 시정되어야 한다. 오랑캐는 조선 초기 조선의 동북방에 살던 여진족을 조선 사람들이 가리키던 말이었는데, 나중에 일반적으로 야만스러운 종족이라는 뜻으로 쓰이게 된 것이다.

위의 문장에 있는 戎羌(융강)은 다만 중국 서쪽에 살던 민족만 가리키는 것이 아니라 남쪽에 살던 만(蠻), 동쪽에 살던 이(夷), 북쪽에 살던 적(狄)까지 모두 대표하여 가리키는 말이므로 우리 민족(대한민국)의 조상까지도 포함된다. 아무리 중국 책을 읽는다고 할지라도, 대한민국 사람이 자신의 조상을 오랑캐라고 불러서야 되겠는가?

16

遐邇壹體, 率賓歸王 하이일체, 솔빈귀왕

xiá ěr yī tǐ, shuài bīn guī wáng

멀 하, 가까울 이, 하나 일, 몸 체, 따를 솔, 물가 빈, 귀의할 귀, 임금 왕

먼 곳이나 가까운 곳이나 할 것 없이 한 몸처럼,
온 천하가 왕을 따르며 의지하게 되었다.

⋮

❖ 率賓(솔빈) : 率濱(솔빈)과 같다. 率濱(솔빈)은 率土之濱(솔토지빈)의 줄임말로 〈바다에 이르는 땅의 끝〉이라는 뜻이니, 곧 〈온 천하〉를 말한다. 率賓의 출전은 시경(詩經) 소아(小雅) 북산(北山)편에 나오는 구절인『普天之下 莫非王土, 率土之濱 莫非王臣』(보천지하 막비왕토 솔토지빈 막비왕신 : 넓은 하늘 아래가 왕의 영토가 아님이 없고, 온 천하가 왕의 신하가 아님이 없다)이다.

따라서 이 구절의 賓(빈)은 濱(빈)과 통용자로 보아 〈손님 빈〉이 아니라 〈물가 빈〉으로 훈음을 달았다. 한편 率賓歸王(솔빈귀왕)을『귀한 빈객을 이끌고 왕에게 귀의했다.』라고 해석하기도 하는데 이 역시 가능한 해석이라고 생각된다.

17

鳴鳳在樹, 白駒食場 명봉재수, 백구식장

míng fèng zài shù, bái jū shí chăng

울 명, 봉새 봉, 있을 재, 나무 수, 흰 백, 망아지 구, 먹을 식, 마당 장

나무에서는 봉황새가 (기쁘게) 울고,
마당에서는 흰 망아지가 (평화롭게 풀을) 먹었으니,

⋮

※ 鳳(봉)은 봉황새 가운데 수컷이고 凰(황)은 암컷이다. 오동나무가 아니면 깃들지 않고, 대나무 열매가 아니면 먹지 않는다는 상상의 새로, 세상을 평안하게 해 줄 훌륭한 임금이나 성인이 나타났을 때에 자신을 보여 준다고 한다. 단조(丹鳥), 봉조(鳳鳥), 응서조(應瑞鳥), 인조(仁鳥)라고도 한다.

※ 이 문장 뒷구절의 출전은 시경(詩經) 백구편(白駒篇)에 있는 『皎皎白駒 食我場苗』(교교백구 식아장묘 : 희고 고운 흰 망아지가 우리 집 마당에서 풀을 먹는다)인데, 현인(賢人)이 찾아오신 것을 찬미하는 내용이라고 한다.

18

化被草木, 賴及萬方 **화피초목, 뇌급만방**

huà bèi cǎo mù, lài jí wàn fāng

감화 화, 입을 피, 풀 초, 나무 목, 신뢰 뢰, 미칠 급, 일만 만, 방향 방

(이렇게 훌륭한 왕들의) 감화는 풀과 나무도 입었고,

(왕들의) 신뢰는 만방에 미쳤다.

⋮

※ 治山(치산 : 산을 잘 관리함)을 잘하면 초목이 잘 자라고 산에 사는 동물도 번성하며, 治水(치수 : 물을 잘 관리함)를 잘하면 물고기들도 번성할 수 있다. 이렇게 사람의 정치는 초목과 금수에게도 미친다.

19문-27문은 효도와 언행, 몸과 마음의 수행에 관한 구절이다.

19

蓋此身髮, 四大五常 개차신발, 사대오상

gài cǐ shēn fà, sì dà wǔ cháng

발어사 개, 이 차, 몸 신, 터럭 발, 넉 사, 큰 대, 다섯 오, 떳떳할 상

대개 (나의) 이 몸은 사대와 오상으로 있는 것이다.

⋮

※ 身髮(신발) : '몸과 터럭'이라는 뜻이지만 신체발부(身體髮膚)를 생략하여 표현한 어휘로, 몸 전체를 의미한다.

※ 四大五常(사대오상) : 四大(사대)는 하늘(天) · 땅(地) · 임금(君) · 부모(親)이고, 五常(오상)은 인의예지신(仁義禮智信)이라고 한다. 이 구절의 四大(사대)를 불교에서 말하는 땅(地) · 물(水) · 불(火) · 바람(風)으로 보는 견해도 있다.

20

恭惟鞠養, 豈敢毁傷 공유국양, 기감훼상

gōng wéi jū yǎng, qǐ gǎn huǐ shāng

공손할 공, 생각할 유, 기를 국, 기를 양, 어찌 기, 감히 감, 훼손할 훼, 상할 상

(부모님이 이 몸을) 길러 주신 것을 공경하면서 생각한다면,

어찌 감히 훼손하거나 상하게 할 것인가?

⋮

※ 효경에 『身體髮膚 受之父母, 不敢毁傷 孝之始也』(신체발부 수지부모, 불감훼상 효지시야 : 몸은 부모님이 주신 것이니, 훼손하지 않는 것이 효도의 시작이다)라는 구절이 있다. 이 문장의 출전이다.

21

女慕貞烈, 男效才良 여모정렬, 남효재량

nǚ mù zhēn liè, nán xiào cái liáng

여자 녀, 본받을 모, 곧을 정, 굳셀 렬, 남자 남, 본받을 효, 재주 재, 어질 량

여자는 절개가 곧고 굳센 (행실을) 본받아야 하고,
남자는 재주가 있는 사람과 어진 사람을 본받아야 한다.

⋮

※ 女(녀)를 〈계집 녀〉라고 읽어서는 안 된다. 옛날과 달리 요즘은 '계집'이라는 단어가 천하게 부르는 경우에만 사용되기 때문이다. 慕(모)의 대표 훈음은 〈사모할 모〉이나 이 구절에서는 〈본받는다〉는 뜻으로 보는 것이 자연스럽다.

※ 才(재)는 재지(才智)를 가진 사람, 良(량)은 양심이 있고 덕행을 하는 사람을 가리킨다. 사마광(司馬光)은 『才者 德之資也, 德者 才之師也』(재자 덕지자야, 덕자 재지수야 : 재주는 덕의 밑천이고 덕은 재주를 부리는 장수이다)라고 하였다.

22

知過必改, 得能莫忘 지과필개, 득능막망

zhī guò bì gǎi, dé néng mò wàng

알 지, 허물 과, 반드시 필, 고칠 개, 얻을 득, 능할 능, 말 막, 잊을 망

(자신에게) 허물이 있는 것을 알면 반드시 고쳐야 하고,
그렇게 할 수 있고 난 다음에는 그것을 잊지 않도록 해야 한다.

⋮

❊ 허물을 방치하지 말고 반드시 고칠 것이며, 고치고 난 다음에는 그것을 잊지 말고 다시는 그 잘못을 반복하지 않아야 한다는 뜻이다.

23

罔談彼短, 靡恃己長 망담피단, 미시기장

wǎng tán bǐ duǎn, mí shì jǐ cháng

말 망, 말할 담, 저 피, 모자랄 단, 말 미, 믿을 시, 자기 기, 장점 장

다른 사람의 모자란 점을 말하지 말고,
자신이 잘하는 것을 믿고 (자랑하지) 말아야 한다.

⋮

※ 다른 사람의 단점을 지적하기 좋아하면 적을 만들게 되고, 자신의 장점을 믿고 자랑하기를 좋아하면 존경을 받기는 고사하고 비웃음을 받게 된다는 뜻이다.

24

信使可覆 器欲難量 신사가복, 기욕난량

xìn shǐ ké fù, qì yù nán liáng

약속 신, 부릴 사, 가능할 가, 실천할 복,

그릇 기, 하고자할 욕, 어려울 난, 헤아릴 량

약속은 실천이 가능한 것을 해야 하고,

도량은 헤아리기 어려울 정도로 (커야 한다.)

⋮

※ 信使可覆(신사가복) : 信(신)은 〈약속하여야 한다〉라는 동사이고 使可覆(사가복)은 〈실천이 가능한 것으로〉라는 부사구(副詞句)이다. 覆(복)은 대표 훈음이 〈뒤집힐 복〉이지만 여기서는 復(실천할 복)과 음이 같아서 대신 사용하였다.

※ 논어 학이편에 『有子日 信近於義 言可覆也』(유자왈 신근어의 언가복야 : 유자께서 말씀하시기를 약속이 의리에 합당하면 그 말을 실천할 수 있다고 하셨다)라는 구절이 있다.

※ 器(기)는 그릇이라는 뜻인데 〈사람은 그릇이 커야 한다〉라고 말할 때의 의미로, '기국', '도량'을 말한다. 이와 관련하여 전국시대의 유명한 문신 인상여(藺相如)와 무장 염파(廉頗)에 대한 고사가 있다.

25

墨悲絲染, 詩讚羔羊 묵비사염, 시찬고양

mò bēi sī rǎn, shī zàn gāo yáng

먹 묵, 슬퍼할 비, 실 사, 물들일 염,

시경 시, 칭찬할 찬, 염소 고, 양 양

묵자는 실이 물드는 것을 보고 슬퍼하였고,

시경 고양편에서는 (대부들의 검소함을) 칭찬하였다.

⋮

※ 墨悲絲染(묵비사염) : 墨(묵)은 중국 전국시대 묵적(墨翟)이라는 유명한 사상가를 가리킨다. 묵자(墨子)라고도 한다. 그는 흰 실을 물들이는 것을 보고 슬퍼하였는데, 사람도 본래는 흰 실처럼 선하지만 습관에 물들어 악하게 되면, 물든 실을 다시 희게 하기 어려움과 같이 사람도 다시 선으로 돌아오기 어렵다고 생각했기 때문이다.

※ 詩讚羔羊(시찬고양) : 詩(시)는 시경(詩經)이다. 羔羊(고양)은 시경 국풍(國風) 소남(召南) 고양편(羔羊篇)을 가리킨다. 고양편에

는 남국의 대부들이 문왕의 교화를 받아 흰 염소 가죽옷을 입는 등 검소한 생활에 대해 칭찬하는 내용이 담겨 있다.

26

景行維賢,克念作聖 **경행유현, 극념작성**

jǐng xíng wéi xián, kè niàn zuò shèng

빛나게할 경, 행실 행, 될 유, 어진사람 현, 잘할 극, 생각 념, 될 작, 성인 성

행실을 빛나게 하면 어진 사람이 되고, 생각을 잘하면 성인도 될 수 있다.

⋮

※ 景行維賢(경행유현) : 景(경)은 〈빛나게 하다〉라는 뜻의 동사(動詞)이다. 維(유)는 대표 훈음이 〈벼리(그물코를 꿴 굵은 줄) 유〉이지만 이 구절에서는 爲(위)와 음이 같아서 爲(위)의 대신으로 사용되었다.

※ 克念作聖(극념작성) : 서경(書經)에 『維狂 克念作聖』(유광 극념작성 : 미친 사람도 생각을 잘하면 성인이 된다)이라는 구절이 있다. 이 구절의 克(극)을 克己復禮(극기복례)와 같이 〈이길 극〉으로 읽을 수도 있다. 이 경우는『(옳지 않은) 생각을 이기면 성인이 될 수 있다』라고 해석할 수 있다.

27

德建名立, 形端表正 **덕건명립, 형단표정**

dé jiàn míng lì, xíng duān biǎo zhèng

덕 덕, 세울 건, 이름 명, 설 립, 몸 형, 올바를 단, 드러날 표, 바를 정

덕을 세우면 명예도 얻게 되며, 몸을 단정하게 하면 거동도 바르게 된다.

⋮

※ 德(덕)은 실질이고 이름은 덕을 따라서 오는 것이므로, 이름을 내려고 하기보다는 덕을 세우는 데 힘을 써야 한다는 뜻이다.

※ 形(형)은 사람의 마음과 몸 양면을 포함하는 개념으로서의 몸을 말하고 表(표)는 의표, 용모, 거동을 뜻한다. 마음이 바르면 몸이 바르게 되고 몸이 바르면 의표나 용모도 바르게 된다는 뜻이다.

28-39문에도 효도, 충성, 학업, 수양 등에 관한 가르침이 이어진다.

28

空谷傳聲, 虛堂習聽 **공곡전성, 허당습청**

kōng gǔ chuán shēng, xū táng xí tīng

빌 공, 골짜기 곡, 전해질 전, 소리 성, 빌 허, 집 당, 겹칠 습, 들릴 청

텅 빈 골짜기에서 (소리를 지르면) 그 소리가 (메아리가 되어 다시 자신에게) 전해져 오고, 텅 빈 방에서 (소리를 지르면 그 소리가) 겹쳐서 (다시 자신에게) 들려오듯이,

⋮

※ 골짜기든 빈 방이든 내가 지른 소리가 나에게로 돌아오는 현상을 비유로 들어서 다음 문장을 말하고자 한다.

29

禍因惡積, 福緣善慶 화인악적, 복연선경

huò yīn è jí, fú yuán shàn qìng

재앙 화, 말미암을 인, 악할 악, 쌓을 적,

행복 복, 말미암을 연, 착할 선, 선행 경

재앙도 (자신이 쌓은) 악한 행위 때문에 찾아오며,

행복도 (자신이 쌓은) 착한 행위로 인하여 찾아온다.

⋮

※ 위의 28-29문은 논리적으로 연결되는 하나의 문단이다.

30

尺璧非寶, 寸陰是競 척벽비보, 촌음시경

chǐ bì fēi bǎo, cùn yīn shì jìng

자 척, 구슬 벽, 아닐 비, 보배 보, 짧을 촌, 시간 음, 이것 시, 다툴 경

한 자나 되는 구슬도 (세월과 견주어 보면) 보배랄 것이 없으니,
짧은 시간이라도 (보배처럼 여기고) 다투듯이 (아껴야 한다.)

⋮

※ 尺璧非寶(척벽) : 尺璧(척벽)은 직경이 한 자나 되는 구슬로 매우 귀한 것이다. 非寶(비보)는 〈보배가 아니다〉라는 뜻이지만 사실상 보배가 아니라는 말이 아니라, 다음에 언급할 시간이 더욱 보배라는 것을 강조하기 위한 표현이다.

※ 寸陰是競(촌음시경) : 寸陰(촌음)은 짧은 광음(光陰)을 말하며, 光(광)은 빛이 밝은 낮을 나타내고, 陰(음)은 빛이 없는 어두운 밤을 나타낸다. 합쳐서 〈光陰〉이라고 하면 이렇게 밤과 낮이 교차하면서 흘러가는 시간을 의미하게 된다. 是競(시경)은 〈이것을 다투듯이 아껴서 쓰라〉는 뜻이다.

※ 이 문장은 짧은 시간이라도 그것은 보배처럼 여기고 아끼며 열심히 자기 발전을 위해 노력하라는 말씀이다. 회남자(淮南子)에 『聖人不貴尺之寶, 而重寸之陰』(성인불귀척지보, 이중촌지음 : 성인은 한 자나 되는 보배라도 귀하게 여기지 않고, 짧은 시간을 귀중하게 여긴다)이라는 구절이 있다. 이 문장의 출전일 것이다.

31

資父事君, 曰嚴與敬 자부사군, 왈엄여경

zī fù shì jūn, yuē yán yǔ jìng

바탕 자, 아버지 부, 섬길 사, 임금 군,

말할 왈, 엄할 엄, 더불어 여, 공경할 경

부모 (섬김을) 바탕으로 하여 임금을 섬기는 것이니,

말하자면 엄숙하고 공경스럽게 (모시는 것이다.)

⋮

※ 세상에서 가장 먼저 존경하면서 섬겨야 하는 대상이 부모님이다. 부모님을 존경하면서 섬기지 못하는 사람은 임금도 섬길 수 없다. 부모님을 존경하면서 섬기는 그 마음을 바탕으로 하여야만, 임금이든 나이 많은 사람이든 섬길 수 있다는 말씀이다.

32

孝當竭力, 忠則盡命 **효당갈력, 충즉진명**

xiào dāng jié lì, zhōng zé jìn mìng

효도 효, 마땅 당, 다할 갈, 힘 력, 충성 충, 곧 즉, 다할 진, 목숨 명

(부모께 하는) 효도는 힘을 다해야 하고,

(임금께 하는 충성은) 목숨을 다해야 한다.

⋮

※ 부모님에 대한 효도는 자신의 힘을 다할지언정 몸을 상하게 해서는 안 된다. 그러나 임금에 대한 충성은 곧 나라에 대한 충성이므로 나라가 위급할 경우는 목숨을 바쳐야 한다는 뜻이다. 나라를 지키는 것이 곧 부모님도 지켜 드리는 일이기 때문이다.

33

臨深履薄, 夙興溫凊 임심리박, 숙흥온청

lín shēn lǚ báo, sù xīng wēn qìng

임할 림, 깊을 심, 밟을 리, 엷을 박,

일찍 숙, 일어날 흥, 따뜻할 온, 서늘할 청(정)

(효도는) 깊은 (연못에) 접근하듯이, 얇은 (얼음을) 밟듯이, (그렇게 자신의 몸을 보전해야 하며), 일찍 일어나서 (부모님께 문안을 드리고,) 추우면 따뜻하게, 더우면 시원하게 해 드려야 한다.

⋮

※ 臨深履薄(여림심연) : 증자(曾子)께서 세상을 떠나기 전에 다음과 같이 말씀했다고 한다. 『시경에 〈깊은 연못에 접근하는 것과 같고, 얇은 얼음을 밟는 것과 같다〉는 말이 있는데, 이제야 이와 같이 조심하는 것을 면하게 되었구나.』(詩云 如臨深淵 如履薄氷 而今而後 吾知免夫! 시운 여림심연 여리박빙 이금이후 오지면부!)

※ 夙興溫凊(숙흥온청) : 이 구절은 시경(詩經) 가운데 〈夙興夜寐(숙흥야매)〉와 〈冬溫夏凊(동온하청)〉 2구의 축약이다. 즉, 이 구절의 출전은 시경이다.

34

似蘭斯馨, 如松之盛 사란사형, 여송지성

sì lán sī xīn, rú sōng zhī shèng

같을 사, 난초 란, 어조사 사, 향기 형, 같을 여, 소나무 송, 어조사 지, 무성할 성

(군자의 덕은) 난초 향기와 같이 (멀리 퍼지고),

(군자의 기상은) 무성한 소나무와 같이 (고상하다.)

⋮

※ 斯(사)는 조사 之(지), 또는 的(적)과 같다. 우리말로는 〈~의〉 라고 번역한다. 난초는 소박하지만 그 향기는 멀리까지 퍼진다. 군자의 인품도 그렇다.

※ 뒤 구의 如(여)는 앞 구의 似(사)와 같고 之(지)는 앞 구의 斯(사)와 같다. 이 또한 같은 글자를 반복하지 않기 위해 사용했다.

※ 군자의 기상과 절개는 사철 늘 푸른 소나무와 같다. 겨울에 눈이 많이 내려 가지에 쌓일지라도 꺾일지언정 휘지 않는다.

35

川流不息, 淵澄取映 천류불식, 연징취영

chuān liú bù xī, yuān chéng qǔ yìng

시내 천, 흐를 류, 아닐 불, 쉴 식, 못 연, 맑을 징, 취할 취, 비칠 영

냇물은 흘러서 쉬지 않으며, 연못은 맑아서 (사물이) 비춰진다.

⋮

※ 앞 구는 군자가 쉬지 않고 학업과 인격도야에 정진하는 것을 상징하고, 뒤 구는 군자의 심성이 맑아서 만물을 왜곡됨이 없이 받아들여 그 이치를 분명하게 아는 것을 상징한다.

※ 위의 34-35문 4구를 하나의 문단으로 보는 견해도 있다. 그럴 경우 〈川流不息〉은 〈似蘭斯馨〉과 응하여 군자의 덕행은 냇물이 쉬지 않고 멀리 흘러가듯 후손에게까지 멀리 영향을 미친다는 뜻으로 해석이 가능하고, 〈淵澄取映〉은 〈如松之盛〉과 응하여 군자의 기상은 맑은 연못처럼 후세의 사람들에게 모범이 된다고 해석할 수 있다.

36

容止若思, 言辭安定 용지약사, 언사안정

róng zhǐ ruò sī, yán cí ān dìng

몸가짐 용, 행동거지 지, 같을 약, 생각 사,

말씀 언, 말씀 사, 편안 안, 정할 정

몸가짐과 행동거지는 사려 깊게 해야 하고, 언사는 안정되어야 한다.

⋮

※ 언사를 안정되게 하여야 한다는 말씀에는 말을 함에 있어 마음과 말투가 편안해야 한다는 뜻뿐 아니라, 말하고자 하는 뜻에도 일정한 방향이 정해져 있어서 논리가 정연해야 한다는 의미도 포함되어 있다.

37

篤初誠美, 愼終宜令 **독초성미, 신종의령**

dǔ chū chéng měi, shèn zhōng yì lìng

독실할 독, 처음 초, 진실로 성, 아름다울 미,

조심할 신, 마지막 종, 마땅 의, 아름다울 령

처음을 독실하게 하는 것도 진실로 아름다운 것이지만,

마지막까지 조심해서 아름답게 마무리하여야.

⋮

※ 愼終(신종)은 〈조심해서 마무리한다〉는 뜻이고, 宜令(의령)은 〈마땅히 아름답게〉라는 뜻이다. 이 문장은 아래의 문장을 말하기 위한 조건문이다. 즉, 〈~와 같이 해야 ~와 같이 된다〉라는 문맥에서의 앞부분에 해당한다.

38

> 榮業所基, 籍甚無竟 영업소기, 자심무경
> róng yè sǔo jī, jí shèn wú jìng
> 영예로울 영, 일 업, 바 소, 터전 기, 기반할 자, 더욱 심, 없을 무, 마칠 경
>
> 영예로운 사업의 터전이 이로 인하여 더욱 끝없이 (발전한다.)

⋮

※ 籍(자)는 흔히 〈문서 적〉이라고 읽는 글자이지만 여기서는 〈빙자할 자, 기반으로할 자〉로 쓰였다. 따라서 〈자심무경〉이라고 읽어야 의미가 통한다.

※ 甚(심)은 〈더욱 크게 되거나 넓게 된다〉라는 뜻이다. 한서(漢書) 육가전(陸賈傳)에 名聲籍甚(명성자심 : 명성이 이로 인하여 더욱 커졌다)이라는 문구가 보이는데, 이와 같은 용례이다.

※ 위의 37-38문도 하나의 문단이다. 시작도 중요하지만 마무리를 잘해야 그 사업이 더욱 발전하면서 오래간다는 교훈을 담고 있다.

39

學優登仕, 攝職從政 학우등사, 섭직종정

xué yōu dēng shì, shè zhǐ cóng zhèng

배울 학, 넉넉할 우, 오를 등, 벼슬 사, 잡을 섭, 일 직, 종사할 종, 정사 정

배움이 넉넉해야 벼슬길에 올라, 관직을 가지고 정사에 종사할 수 있다.

⋮

※ 여기서 배움은 글공부만을 의미하는 것이 아니라, 정사를 담당할 만한 자질을 함양하는 것까지 포함한다.

40문은 선정을 펼친 주나라의 소공에 대한 찬탄의 글이다.

40

存以甘棠, 去而益詠 존이감당, 거이익영

cún yǐ gān táng, qù ér yì yǒng

남길 존, 어조사 이, 달 감, 산사나무 당, 갈 거, 어조사 이, 더욱 익, 읊을 영

(주나라 남국 백성들은) 산사나무를 남겨 두라는 (내용의) 노래를 지어, (소백이) 떠나가고 난 다음에도 더욱 (그를 그리워하며) 노래를 불렀다.

⋮

※ 시경 국풍 소남 감당(甘棠)편은 남국으로 순행하면서 주나라 문왕의 정사를 폈던 소백(召伯)을 사모하는 노래이다. 소백은 소공(召公)이라고도 하며 이름은 석(奭)이다. 주나라 건국 3대 공신 중 하나이다.

감당은 '아가위나무' 또는 '산사나무'라고도 하는데, 작은 능금 같은 것이 달리는 나무이다. 소백이 문왕의 정사를 펴면서 이 나무 아래서 쉬었다고 해서, 소백이 떠나고 난 다음에

도 남국의 사람들은 그 나무를 자르지 말고 잘 보존하라는 내용의 노래를 만들어 소백을 그리워하였다고 한다.

여기서 훌륭한 관리를 사모하는 고사성어인 甘棠之愛(감당지애 : 산사나무에 대한 사랑)가 생겨났다. *存*(존)은 〈남겨 두라〉라는 뜻의 명령형 동사이고, *以*(이)는 뒤에 목적어를 이끄는 전치사이다.

41-43문은 고대 사회의 예절에 대한 내용이다.

41

樂殊貴賤, 禮別尊卑 악수귀천, 예별존비

yuè shū guì jiàn, lǐ bié zūn bēi

풍류 악, 다를 수, 귀할 귀, 천할 천, 예절 례, 다를 별, 높을 존, 낮을 비

(고대 중국에서는) 풍류도 귀천의 신분에 따라 달랐으며,
예절도 높고 낮은 지위에 따라서 구별하였다.

⋮

※ 앞 구절의 예로 가무에 있어서 천자는 8줄인 8일(八佾), 제후는 6일, 대부는 4일, 사(士)와 서인(庶人)은 2일로 정한 것을 들 수 있으며, 뒷구절의 예로 임금과 신하, 부모와 자식, 어른과 아이 등 높고 낮음에 따라 각기 행해야 할 예절 법도를 다르게 정한 것을 들 수 있다. 당시의 사회가 신분사회였기 때문이다.

42

上和下睦, 夫唱婦隨 상화하목, 부창부수

shàng hé xià mù,fū chàng fù suí

윗 상, 화합할 화, 아래 하, 화목할 목, 남편 부, 주창할 창, 아내 부, 따를 수

윗사람은 (서로) 화합하였으며, 아랫사람들도 (이를 본받아) 화목하였고, 남편이 앞서서 주창하면 아내는 이를 (잘) 따랐다.

⋮

※ 어떤 학자는 夫唱婦隨(부창부수)의 다음에 婦唱夫隨(부창부수 : 부인이 주창하면 남편이 따른다)라는 구절이 생략된 것으로 보기도 한다. 가정의 일에 남편이 먼저 주창하는 경우도 있고 아내가 먼저 주창하는 경우도 있기 때문이며, 남편과 아내는 한 몸이기 때문이라는 것이다.

이는 마땅히 그렇게 해야 한다는 윤리적 해석이나, 필자는 이 구절을 천자문의 저자가 남성 중심의 고대사회에 행해졌던 예절을 묘사한 것으로 보아 위와 같이 해석하였다. 물론 오늘날은 양성평등의 시대이므로 위 학자의 주장은 옳다.

外受傳訓, 入奉母儀 외수부훈, 입봉모의

wài shòu fù xìn, rù fèng mǔ yí

밖 외, 받을 수, 스승 부, 가르칠 훈,

들어갈 입, 받들 봉, 어머니 모, 법도(예절) 의

(아동들은) 밖에 나가서는 스승의 가르침을 받았고,

집안에서는 어머니가 가르치는 규범을 받들었다.

⋮

※ 고대에 아버지는 생계를 위하여 장기간 집을 비우는 경우가 많아 아동의 교육은 어머니가 주로 책임을 졌으므로, 밖으로는 스승을 찾아서 자식의 학업을 지도하게 하고, 집 안에서는 모친이 직접 가정교육을 시켰다는 해설이 있다. 이를 따른다.

※ 한편, 『(남자는 10살이 되면) 밖으로 나가서 스승의 가르침을 받았고, (여자는 10살이 되면) 집안으로 들어와 어머니가 (가르치는) 법도를 받들어 행하였다.』라는 해석도 있다. 이는 예기(禮記)

내칙(內則) 끝부분에 나오는 〈十年, 出就外傅, 居宿於外, 學書記(십년, 출취외부, 거숙어외, 학서기)〉의 구절과 〈女子十年不出, 姆教婉娩聽從(여자십년불출, 모교완만청종)〉에 근거한 해석으로 역시 타당하다고 생각된다.

44-51문은 가족과 친구 간의 윤리와 수양에 관한 글이다.

44

諸姑伯叔, 猶子比兒 제고백숙, 유자비아

zhū gū bó shú, yōu zǐ bǐ ér

모두 제, 고모 고, 큰아버지 백, 작은아버지 숙,

같을 유, 아들 자, 같을 비, 아이 아

모든 고모와 큰아버지, 작은아버지는

(조카들을 자기의) 자식이나 아이 같이 대해야 한다.

⋮

※ 효도의 원리가 부모님에 대한 사랑을 확장시켜 부모님의 형제, 더 나아가 임금에게로 확장되는 것이라면, 그 반대도 마찬가지라고 볼 수 있다. 즉, 자식에 대한 사랑을 확장하여 조카들에게 미치게 하는 것이다.

※ 예기(禮記) 단궁편(檀弓篇)에 『兄弟之子 猶子也』(형제지자 유자야 : 형제의 자식은 자식과 같다)라는 구절이 있다.

45

孔懷兄弟, 同氣連枝 **공회형제, 동기연지**

kōng huái xiōng dì, tóng qì lián zhī

클 공, 사랑할 회, 형 형, 아우 제, 한가지 동, 기운 기, 이어질 련, 가지 지

형제끼리는 크게 사랑해야 하니, 같은 (부모님의) 기운으로 (태어나 마치) 나뭇가지가 서로 붙어 있는 것과 같기 때문이다.

⋮

※ 앞 구절의 출전은 시경 소아(小雅) 당체(棠棣)편의 『死喪之畏兄弟孔懷』(사상지외 형제공회)라는 구절이다. 죽고 다치는 재난은 사람들이 모두 두려워하고 싫어하는 것이지만, 오직 형제만이 그런 상황에서 서로 구휼해 준다는 뜻으로 형제애를 강조한 말이다. 孔(공)은 정도부사(程度副詞)로 〈매우 크게〉라는 뜻이다.

※ 형제간 예덕(禮德)의 원칙은 兄友弟恭(형우제공 : 형은 아우에게 우애롭고 아우는 형을 공경하는 것)이다. 형제간의 우애를 확장하여 벗 간의 우애가 되고, 극도로 확장하면 온 세상의 사람들이

모두 형제(四海之內 皆兄弟也 사해지내 개형제야)라는 인류애로 발전하게 된다. 인류애의 시발점은 형제로부터 시작되니, 형제를 사랑하지 않고 인류를 사랑한다는 것은 어불성설이다.

46

交友投分, 切磨箴規 **교우투분, 절마잠규**

jiāo yǒu tóu fēn, qiē mó zhēn guī

사귈 교, 벗 우, 합치할 투, 분수 분, 자를 절, 닦을 마, 경계할 잠, 바로잡을 규

친구는 의기가 투합하는 이를 사귈 것이며,
절차탁마하면서 (잘못이 없도록 서로) 경계해 주고
(잘못이 있으면) 바로잡아 주어야 한다.

⋮

※ 投(투)는 합치한다는 뜻이고, 分(분)은 '정분(情分) · 분수 · 인연' 등의 뜻이 있는데, 여기서 말하는 친구는 단순히 정분이 있는 친구가 아니라 뜻이 맞는 지기(知己), 어떤 목적을 향해 함께 노력하는 동지(同志)의 뜻을 가진다. 그런 친구를 사귀라는 뜻이다.

훌륭한 친구에 관한 성어로 관포지교(管鮑之交), 문경지교(刎頸之交), 금란지교(金蘭之交) 등이 있다. 당나라 시인 왕발(王勃)이 친구와 이별하면서 쓴 시 가운데 『海內存知己 天涯若比隣』(해내존지기 천애약비린)이라는 구절이 있다. 세상 어디에든

나를 알아주는 벗이 있다면, 그곳이 비록 하늘 끝이라도 이웃과 같다는 뜻이다. 일생을 살면서 훌륭한 친구는 얼마나 귀중한가?

※ 切磨(절마)는 切磋琢磨(절차탁마)의 줄임말이다. 자르고 갈고 쪼고 닦는 것으로, 원래는 옥돌 가공의 4가지 공정을 뜻했다. 곤륜산에서 돌덩이를 가져와 제일 먼저 이 돌덩이를 잘라서 그 안에 옥돌이 박혀 있는지 살펴본다. 이 공정을 切(절)이라고 한다. 옥돌이 박혀 있지 않으면 버리고, 조그마한 것들이 드문드문 떨어져서 박혀 있으면 가락지 정도를 만든다. 그러나 정말로 큰 옥돌이 박혀 있어 귀중한 공예품을 만들 수 있을 정도면, 이제 옥돌의 밖에 있는 돌 부분을 갈아 내고 옥돌만 남긴다. 이렇게 옥돌만 남은 것이 朴玉(박옥)인데 이렇게 하는 공정을 磋(차)라고 한다.
그다음은 박옥을 그 생긴 모양에 따라 쪼아서 술잔, 비녀, 불상, 장식품 등 온갖 공예품을 만든다. 이 과정을 琢(탁)이라고 한다. 이제 마지막 남은 과정은 완성된 공예품의 표면에 아름다운 빛과 무늬가 드러나도록 잘 닦아 내는 것이다. 이 과정을 磨(마)라고 한다.

이 4가지 공정 가운데 앞의 두 공정인 원석을 자르고(切) 갈아 내는(磋) 것은 혼자서 할 수가 없어 둘이서 함께 작업한다. 그러나 그 후의 공정인 옥돌을 쪼아서 공예품을 만들고(琢) 완성된 공예품에 광을 내는 것은(磨) 혼자서 하는 일이다.

그런데 이 공정이 마치 친구들이 서로 협력하면서 학문을 닦는 것과 비슷하다고 하여 이에 대한 비유로 사용되었다.

仁慈隱惻, 造次不離 인자은측, 조차불리

rén cí yǐn cè, zào cì fú lí

어질 인, 사랑 자, 가엽게여길 은, 가엽게여길 측,

때 조, 때 차, 아닐 불, 떠날 리

어진 마음으로 (사람을) 사랑하고 (불쌍한 사람을)
가엽게 여기는 (마음은) 잠시라도 떠나지 않게 해야 한다.

⋮

※ 仁慈(인자)는 仁德(인덕)으로, 仁(인)은 근본마음이고 慈(자)는 仁(인)의 작용이며, 또한 慈(자)는 愛(애, 사랑)가 승화된 것으로 조건이 없는 愛(애)를 慈(자)라고 한다는 해석이 있다. 이 문장은 五德(오덕 : 인 · 의 · 예 · 지 · 신) 가운데 인에 관한 구절이다.

※ 造(조)는 〈지을 조〉, 次(차)는 〈다음 차〉로 보통 읽으나, 造次(조차)로 쓰면 〈얼마 아닌 짧은 시간〉이라는 뜻이 된다. 2글자가 합쳐서 하나의 의미를 나타내는 연면어이다.

※ 유교의 인(仁)은 불교의 자비(慈悲), 기독교의 사랑과 같이 인간이 가지는 최고의 덕목이다. 마음속에 이것이 가득 차서 실행하면 곧 성인이 아니겠는가? 이것이 없으면 어찌 사람이겠는가?

48

節義廉退, 顚沛匪虧 절의염퇴, 전패비휴

jié yì lián tuì, diàn pèi fěi kuī

절개 절, 의리 의, 청렴 렴, 겸양할 퇴,

엎어질 전, 자빠질 패, 아닐 비, 어그러질 휴

절개와 의리와 청렴과 겸양함은 아무리 어려운 상황에서도 어그러지게 해서는 안 된다.

⋮

※ 이 문장은 오덕 가운데 인을 제외한 의 · 예 · 지 · 신에 대한 내용이다. 다른 동물에게는 없는 것이 바로 이 오덕이다. 이 오덕이야말로 사람을 사람이라고 할 수 있는 특성이다. 즉, 오덕이 없으면 사람이 아니라는 뜻이다.

※ 顚沛(전패)는 넘어지고 자빠지는 것으로, 매우 어렵고 곤란한 상황을 뜻한다. 논어에 『君子無終食之間違仁, 造次必於是, 顚沛必於是』(군자무종식지간위인, 조차필어시, 전패필어시)라는 구절이 있다. 이 구의 출전으로, 군자는 밥을 먹는 순간에도 인

에서 어긋나지 말아야 하니, 잠시라도 반드시 인에 거해야 하며, 아무리 어려운 상황에서도 인을 떠나지 말아야 한다는 뜻이다. 성인이 되는 방법에 천언만어(千言萬語)가 필요 없다. 단지 이 구절만 행한다면 공자님이나 맹자님과 같은 성인이 될 것이다.

49

性靜情逸, 心動神疲 성정정일, 심동신피

xìng jìng qíng yì, xīn dòng shén pí

성품 성, 고요할 정, 감정 정, 편안할 일,

마음 심, 움직일 동, 정신 신, 피곤할 피

성품을 고요히 하면 감정도 편안해지고,

마음이 (혼란스럽게) 동요하면 정신도 피곤해진다.

⋮

※ 성리학에서는 性(성)이 발동하여서 情(정)이 된다고 한다. 그러므로 성을 맑고 고요하게 하면, 이로부터 발현되는 감정도 저절로 편안하고 자유스럽게 된다는 뜻이다.

※ 마음에 분노나 탐욕, 두려움 등 부정적 감정이 비정상적으로 일어나 평정이 깨어지면, 정신도 이에 영향을 받아 피곤해지거나 올바른 판단을 할 수 없게 되니, 늘 마음을 바르게 가지도록 노력해야 한다는 말씀이다.

50

守眞志滿, 逐物意移 수진지만 축물의이

shǒu zhēn zhì mǎn, zhú wù yì yí

지킬 수, 진실할 진, 뜻 지, 찰 만, 좇을 축, 물건 물, 뜻 의, 변할 이

진실함을 지키면 (훌륭한) 뜻이 가득 차게 되고,

물욕을 추구하면 (올바른) 뜻이 변하게 된다.

⋮

※ 眞(진)은 사람의 본성 또는 본질을 말하는 것으로, 나의 참된 본성이 무엇인지를 성찰하여 이를 지키면 훌륭한 뜻이 가득 차게 되며, 뜻이 가득 차면 인생도 보람차게 된다는 뜻이다.

※ 범중엄(范仲淹) 선생의 악양루기(岳陽樓記)에 『不以物喜 不以己悲』(불이물희 불이기비)라는 구절이 있다. 인간애를 행하는 사람은 외물(外物)로 인하여 기뻐하지 않고, 자기 개인의 일로 슬퍼하지도 않는다는 뜻이다.

※ 이상 49-50문도 하나의 문단이다.

51

堅持雅操, 好爵自縻 견지아조, 호작자미

jiān chí yǎ cāo, hǎo jué zì mí

굳을 견, 잡을 지, 아름다울 아, 지조 조,

좋을 호, 벼슬 작, 저절로 자, 얽어맬 미

아름다운 지조를 굳게 잡으면, 좋은 벼슬은 저절로 생기게 된다.

⋮

※ 爵(작)은 본래 〈술잔〉을 가리키는 글자였다. 귀족들도 등급에 따라 다른 작(술잔)을 사용하였다. 이리하여 나중에는 작이 爵位(작위), 爵號(작호), 官位(관위) 등을 총칭하게 되었다.

※ 雅操(아조)는 고아(高雅)한 지조로, 고상한 도덕을 말한다. 고상한 도덕은 곧 인 · 의 · 예 · 지 · 신이라는 오상(五常)의 덕이다. 이렇게 고상한 인격을 수양하면 좋은 벼슬은 저절로 생긴다는 뜻인데, 어찌 좋은 벼슬만 생기겠는가? 그보다 더 좋은 일들이 생길 것이다.

사람들로부터 존경과 사랑을 받는 것은 벼슬만으로도 안 되고, 돈과 권력만으로도 안 된다. 그것은 아름다운 지조를 지키는 것으로 되는 일이며, 그보다 행복한 것이 없을 것이다. 그러나 여기서 벼슬을 언급한 것은 당시 사람들이 가장 좋아한 것이 벼슬이었기 때문이다.

※ 이 구의 출전은 주역(周易) 중부괘(中孚卦)의 『我有好爵, 吾與爾靡之』(아유호작, 오여이미지)이다. 내가 좋아하는 벼슬이 있으니 내가 이것을 너와 함께하겠다는 뜻이다.

52-53문은 중국의 유명한 고대 도읍지 2곳에 대한 내용이다.

52

都邑華夏, 東西二京 도읍화하, 동서이경

dū yì huá xià, dōng xī èr jīng

도읍 도, 고을 읍, 빛날 화, 나라이름 하, 동쪽 동, 서쪽 서, 두 이, 서울 경

고대 중국의 (유명한) 도읍지는 동경(인 낙양)과
서경(인 장안), 이렇게 두 곳의 서울이다.

⋮

※ 古文(고문)에서는 都(도)는 천자가 거주하는 곳, 邑(읍)은 제후가 거주하는 곳이라 하였다. 여기서 都邑(도읍)은 현재 언어로 首都(수도)와 같은 개념이다. 華夏(화하)는 꽃처럼 찬란한 문화를 가졌다는 의미에서 중국을 가리키는 말이다.

※ 二京(이경)은 동경(東京)인 낙양(洛陽)과 서경(西京)인 장안(長安)을 말한다.

53

背邙面洛, 浮渭據涇 배망면락, 부위거경

bèi máng miàn luò, fú wèi jù jīng

등질 배, 산이름 망, 앞 면, 강이름 락, 뜰 부, 강이름 위, 의지할 거, 강이름 경

(동경인 낙양은) 북망산을 등지고 낙수를 앞에 두었고,

(서경인 장안은) 위수에 떠 있으면서 경수를 기대고 있다.

⋮

※ 동경인 낙양은 중국 역사상 9개의 나라가 도읍을 정한 곳이라 하여 구조고도(九朝古都)라고도 한다. 동주(東周)로부터 동한(東漢) · 위(魏) · 진(晉) 등의 나라가 도읍하였다.

※ 장안은 현재 섬서성(陝西省)의 성도(省都) 서안시(西安市) 지역이다. 서주(西周) · 진秦) · 서한(西漢) · 수(隋) · 당(唐) 등의 나라가 도읍하였다. 서주(西周) 때는 장안(長安)을 호경(鎬京)이라고 하였다.

54-66문은 옛날의 왕도, 궁전, 공신에 대한 처우 등에 대한 내용이다.

54

宮殿盤鬱, 樓觀飛驚 궁전반울, 누관비경

gōng diàn pán yù, lóu guàn fēi jīng

대궐 궁, 대궐 궐, 서릴 반, 빽빽할 울, 누각 루, 누각 관, 날 비, 놀랄 경

(도읍에는) 궁전이 빽빽하게 서려 있고,

누각은 높아 (하늘로) 나는 듯하여 놀라울 지경이다.

⋮

※ 宮(궁)은 본래 귀천을 가리지 않고 사람이 사는 집을 뜻하였는데, 전한(前漢) 이후 황제가 사는 집을 뜻하게 되었다. 宮(궁)은 황제가 평상시 거처하는 곳을 말하고, 殿(전)은 황제가 정사(政事)를 보는 곳을 말한다.

※ 樓(루)는 2층 이상의 건축물로 지붕을 겹겹이 올린 것이다. 觀(관)은 궁정 대문 밖에 2층으로 가늘고 높게 세워진 건축물이다. 정자(亭)는 지붕만 있고 4면에 벽이 없는 건물이다. 이

문장은 궁전의 외관을 묘사한 것이다.

이백(李白)의 시에 다음과 같은 구절이 있다.『危樓高百尺 手可摘星辰 不敢高聲語 恐驚天上人』(위루고백척 수가적성진 불감고성어 공경천상인 : 아스라한 누각은 높이가 백 척, 그 위에서 별이라도 따겠네. 큰 소리로 말도 못하겠구나, 하늘나라 사람들이 듣고 놀랄까 봐.) 이백의 시를 보아서도 고대 중국의 누각이 얼마나 웅장했는지 짐작이 간다.

55

圖寫禽獸, 畵綵仙靈 도사금수, 화채선령

tú xiě qín shòu, huà cǎi xiān líng

그림 도, 그릴 사, 날짐승 금, 길짐승 수, 그림 화, 채색할 채, 신선 선, 신령 령

(궁전 건물에는 온갖) 새와 짐승의 그림을 그려 놓았고,
신선과 신령스러운 모습도 그려서 아름답게 채색하였다.

⋮

※ 이 문장은 궁전 건물의 단장에 관한 묘사이다.

56

丙舍傍啓, 甲帳對楹 병사방계, 갑장대영

bǐng shè páng qǐ, jiǎ zhàng duì yíng

천간이름 병, 집 사, 곁 방, 열릴 계, 천간이름 갑, 휘장 장, 대할 대, 기둥 영

(정전의) 옆에 있는 병사의 문은 열려 있었고,

보배로 만든 아름다운 휘장은 (연회석의)

두 기둥 사이에 드리워져 있었다.

⋮

※ 丙舍(병사)는 황궁의 정전(正殿)의 양쪽 옆에 있던 별원으로, 신하들이 대기하거나 쉬는 곳이었다.

※ 甲帳(갑장)은 한나라 무제(武帝) 때 연회석 장악(帳幄 : 휘장)이다. 칠보(七寶)와 보옥(寶玉)으로 만들어 신전(神殿)에 두르게 하였는데, 이는 동방삭이 만들었다고 한다. 이외에도 을장(乙帳)이 있어 어전(御殿)에 둘렀다고 한다.

57

肆筵設席, 鼓瑟吹笙 사연설석, 고슬취생

sì yán shè xí, gǔ sè chuī shēng

펼 사, 대자리 연, 베풀 설, 방석 석, 연주할 고, 비파 슬, 불 취, 생황 생

(연회 때는) 대자리를 펴고 방석을 진열하여 놓고,

비파를 연주하고 생황을 불었다.

⋮

※ 笙(생)은 관악기로 피리의 일종이다. 鼓(고)는 대표 훈음이 〈북 고〉이지만 여기서는 〈연주할 고〉로 쓰였다.

※ 56문의 뒷구절과 57문은 궁중에서 연회를 하는 장면을 묘사한 것이다.

58

陞階納陛, 弁轉疑星 승계납폐, 변전의성

shēng jiē nà bì, biàn zhuàn yí xīng

오를 승, 계단 계, 들일 납, 섬돌 폐, 고깔 변, 구를 전, 비슷할 의, 별 성

(문무백관이 임금을 뵈려고) 계단을 올라 섬돌 앞으로 들어가면,

(그들이 쓴) 관모의 (구슬들은) 별처럼 (빛났다.)

⋮

※ 階(계)는 궁전 앞뜰에서 천자가 있는 궁전으로 올라가는 계단이고, 陛(폐 : 섬돌)는 궁전 안에 있는 계단의 가운데에 있는 것으로 '답도(踏道)'라고도 한다. 천자만이 올라갈 수 있는 천자의 계단으로, 가장 높은 숫자인 아홉 개의 계단으로 되어 있다. 신하들이 천자를 폐하(陛下)라고 부르는 것은 섬돌(陛)의 아래서 우러러 뵐 분이라는 뜻이다. 섬돌의 좌우에 있는 계단으로 신하들이 천자를 알현하기 위해서 올라간다.

※ 弁(변)은 의식을 거행할 때 예복을 갖춰 입고 쓰던 일종의 모자이다. 작변(爵弁), 위변(韋弁), 관변(冠弁) 등이 있다.

59

右通廣內, 左達承明 **우통광내, 좌달승명**

yòu tōng guǎng nèi, zǔo dà chéng míng

오른쪽 우, 통할 통, 넓을 광, 안 내, 왼쪽 좌, 이를 달, 이을 승, 밝을 명

(정전의) 오른쪽은 광내전으로 통하고, 왼쪽은 승명전에 이른다.

⋮

※ 한(漢)나라 때의 광내전은 나라를 다스리는 규범이 되는 성현의 말씀인 경전과 고금 현사들의 시문 · 역사 · 문화 · 병서 · 농업 · 의학 · 천문 · 지리 등 다양한 고적과 문서를 보관한 도서관이다. 그 문서의 범위가 매우 다양하여 광내전이라고 이름을 지었다.

※ 승명전은 책을 편찬하고 교열하며 출판하는 전각이다.

60

既集墳典, 亦聚群英 기집분전, 역취군영

jì jí fén diǎn, yì jù qún yīng

이미 기, 모을 집, 책이름 분, 책이름 전, 또 역, 모을 취, 무리 군, 영재 영

이미 삼분과 오전을 모은 다음에는, 또한 많은 영재를 모았다.

⋮

※ 墳(분)은 일반적으로 〈무덤 분〉이라고 읽으나 여기서는 책의 이름으로 '삼분(三墳)'을 말한다. 삼분(三墳)은 삼황(三皇)인 복희(伏羲) · 신농(神農) · 황제(皇帝)의 사적을 기록한 책이다. 典(전)은 오전(五典)으로, 오제(五帝)의 세계(世系)를 기록한 책이라고 한다.

※ 많은 영재를 모은 이유는 학문과 치국의 도리를 연구하게 하여 그 결과를 정치에 반영하고자 했기 때문이다.

61

杜稿鍾隸, 漆書壁經 두고종예, 칠서벽경

dù gǎo zhōng lì, qī shū bì jīng

막을 두, 원고 고, 술잔 종, 서체이름 예, 옷칠 칠, 글 서, 벽 벽, 경서 경

(광내전에서 수집한 것에는) 두조의 초서체 원고와 종요의 예서체 (진본도) 있었으며, 대나무 조각에 새긴 글과 벽에서 나온 경서도 있었다.

⋮

※ 杜(두)는 한(漢)나라의 두조(杜操)로 초서체(草書體)를 창안한 사람이다. 稿(고)는 초서로 쓴 원고를 말한다. 鍾(종)은 鍾繇(종요)로 예서체의 대가였다. 隸(예)는 흔히 〈노예 예〉라고 읽으나 여기서는 예서체의 작품을 가리킨다.

※ 漆書(칠서)는 대나무 조각(죽간)에 옻나무의 진액으로 쓴 글을 말한다. 옻나무 진액은 처음에는 맑은 색이지만 마르면 검게 변한다. 壁經(벽경)은 '벽 속에서 찾아낸 경서'라는 말인데, 공자의 사당을 수리하다가 벽 속에서 찾아낸 〈상서〉, 〈논어〉,

〈효경〉 등의 책을 말한다.

※ 지금 이렇게 해설하는 천자문의 저자를 이 구절에 나오는 '종요'라고 하기도 하는데, 이는 옳지 않은 해석이다. 종요의 천자문은 별개로 있다. 〈二儀日月(이의일월)〉로 시작하는 것인데, 내용도 완전히 다르며 억지로 맞추어 거의 독해가 불가능한 구절이 대부분이다. 내용상으로 보아도 지금 해설하는 주흥사 천자문의 탁월함은 그에 비교할 바가 아니다.

62

府羅將相, 路挾槐卿 부라장상, 노협괴경

fǔ luó jiàng xiàng, lù xié huái qīng

조정 부, 벌릴 라, 장수 장, 재상 상, 길 로, 낄 협, 회화나무 괴, 벼슬이름 경

궁정 안에는 장수와 재상이 늘어서 있고,

(궁정 밖 큰)길을 끼고는 삼공과 구경의 (저택이 늘어서 있었다.)

⋮

※ 槐(괴)는 〈회화나무 괴〉라고 흔히 읽으나 여기서는 천자를 보필하는 최고 관직인 삼공(三公)의 저택을 상징한다. 조정의 길 왼쪽에 3공의 저택을 두고 회화나무를 심어 이를 표시한 까닭이다.

※ 卿(경)은 9명의 고관을 뜻하는데, 여기서는 그 고관의 저택을 가리킨다. 9경의 저택은 조정 길의 오른쪽에 정하고 가시나무를 심어서 표시하였다.

63

戶封八縣, 家給千兵 호봉팔현, 가급천병

hù fēng bā xiàn, jiā jǐ qiān bīng

집 호, 봉할 봉, 여덟 팔, 고을 현, 문벌 가, 줄 급, 일천 천, 병사 병

(공신에게는) 여덟 고을의 민호를 봉토로 주었으며,
또한 이들 문벌에게 일천 명의 군사를 주었다.

⋮

※ 봉토(封土)는 제후가 천자를 대신해 다스리는 영지(領地)이다. 家(가)는 원래 대부가 다스리는 영지의 이름이고, 국(國)은 제후가 다스리는 영지의 이름이었다. 國(국)이라고 하지 않고 家(가)라고 한 것도 글자 중복을 피하기 위함이다.

64

高冠陪輦, 驅轂振纓 고관배연, 구곡진영

gāo guān péi niǎn, qū gǔ zhèn yīng

높을 고, 관모 관, 모실 배, 수레 연, 몰 구, 수레바퀴통 곡, 휘날릴 진, 갓끈 영

높은 관을 쓴 (고관들이) 임금의 수레를 모시고 뒤따라,

수레를 몰고 달리면 (그들의) 갓끈이 휘날렸다.

⋮

※ 輦(연)은 수레인데, 특히 임금이 타는 수레를 말한다. 轂(곡)은 고대 수레의 바퀴 중심에 있는 둥근 나무로 된 바퀴통이다. 여기에 바퀴의 살들이 박혀서 퍼지고 그 안의 둥근 구멍에는 차축이 들어가게 되어 있다.

※ 驅轂(구곡)은 곧 수레를 몰고 앞으로 나간다는 뜻이고, 振纓(진영)은 황제를 모시는 고관들의 위풍당당한 모습을 묘사한 것이다.

65

世祿侈富, 車駕肥輕 세록치부, 거가비경

shì lù chǐ fù, chē jià féi qīng

세대 세, 봉록 록, 사치할 치, 부유할 부,

수레 거, 멍애 가, 살찔 비, 가벼울 경

(이렇게 그들은) 대를 이어 녹봉을 받으며 사치스럽고
부유하게 살았으며, (그들의) 수레는 (왕의 것처럼 훌륭했고
그들이 타는 말은) 살이 쪘으며 (그들이 입은 가죽옷은) 가벼웠다.

⋮

※ 車駕(거가)는 대개 임금이 타는 수레를 뜻한다. 공신들이 타고 다니는 수레가 임금의 것과 방불하게 훌륭했다는 뜻이다. 〈肥輕(비경)〉에서 肥(비)는 肥馬(비마 : 살찐 말)를, 輕(경)은 輕裘(경구 : 가벼운 가죽옷)를 뜻한다. 경구(輕裘)는 가볍고 값비싼 모피를 잘 손질한 것이었기에 고관대작들이 입었을 것이다.

※ 논어 옹야편(雍也篇)에 『乘肥馬 衣輕裘』(승비마 의경구 : 살찐 말을 타고 가벼운 가죽옷을 입고)라는 구절이 있다.

66

策功茂實, 勒碑刻銘 책공무실, 늑비각명

cè gōng mào shí, lè bēi kè míng

기록할 책, 공적 공, 힘쓸 무, 실적 실, 새길 륵, 비석 비, 새길 각, 기록할 명

(조정에서는 이들의) 공적을 기록하여 실적에 힘쓰도록 하였으며, (공적의 내용을) 비석에 새겨서 (후세에 전하였다.)

⋮

※ 策(책)은 〈서책〉이라는 뜻도 있지만 〈서책에 기록한다〉는 뜻도 있다. 茂(무)는 〈무성하다〉는 뜻 외에 〈힘쓰다〉는 뜻도 있다.

※ 勒碑(늑비)는 옛날에 비석돌에 글자를 새기는 것을 말하는데, 주로 두 가지 방법이 있었다. 하나는 서단법(書丹法)으로, 글씨를 쓰는 사람이 붓과 주사(朱砂)를 사용하여 직접 비석에 글씨를 쓰면, 나머지는 석공이 글자의 윤곽을 따라서 새기는 방법이다.

또 하나의 방법은 모륵법(摹勒法)으로, 먼저 글씨를 쓰는 사람

이 종이에 글씨를 써서 잘된 글씨를 골라 글씨의 뒷면에 글자의 윤곽을 따라 주사를 사용하여 가는 선을 그린다. 이를 쌍구법(雙鉤法)이라고 하는데, 서예에서 임서를 할 때 사용하는 방법 중 하나이다.

이렇게 한 다음, 윤곽을 그린 반대편에 종이를 여러 장 붙이고 주사로 윤곽을 그린 글자의 안에 주사를 채우고 잘 다듬은 비석 위에 놓고 누르면 비석에 주사로 된 글자가 인쇄된다. 이것을 글자 새기는 석공에게 주어 새기게 하는 것이다. 당연히 서단법보다 모륵법이 우수하다.

※ 勒碑(늑비)가 돌로 된 비석에 새기는 것과는 달리 刻銘(각명)은 금속 기물에 새긴다는 점에서 달랐다. 그러나 시간이 지남에 따라 銘(명)의 의미가 확장되어, 금속기물에 새기든 석비(石碑)에 새기든 내용에 따라서 銘(명)이라고 하게 되었다.

67-68문은 주나라 초기의 유명 인물 3명에 대한 내용이다.

67

磻溪伊尹, 佐時阿衡 반계이윤, 좌시아형

pán xī yī yǐn, zuǒ shí ē héng

화살돌 반, 시내 계, 저 이, 맏 윤, 도울 좌, 때 시, 언덕 아, 저울대 형

강태공과 이윤은 (각기 그 시대에서 천자를) 보좌한 (훌륭한) 재상들이다.

⋮

※ 磻溪(반계)는 섬서성(陝西省)에 있는데, 위수(渭水)로 흘러들어 가는 강의 이름이다. 옛날 강태공(姜太公)이 이곳에서 낚시를 하다가 주(周)나라 문왕을 만나 문왕과 그의 아들 무왕을 보필하였다. 이리하여 반계는 강태공을 가리키는 말이 되었다. 伊尹(이윤)은 은(殷)나라 탕왕(湯王)을 도와 은나라를 크게 일으킨 유명한 재상이다.

※ 佐時(좌시)는 엄중한 시대 상황에서 왕을 보좌한다는 뜻이고, 阿衡(아형)은 은나라 재상의 명칭(관직의 이름)이라고 한

다. 이윤은 은나라 사람이고 강태공은 주나라 사람으로 이윤이 먼저 시대 사람이나, 역시 운을 맞추기 위해 순서를 바꾸었다.

68

奄宅曲阜, 微旦孰營 엄택곡부, 미단숙영

yǎn zhái qū fù, wēi dàn shú yíng

나라이름 엄, 저택 택, 굽을 곡, 언덕 부, 아닐 미, 아침 단, 누구 숙, 경영할 영

엄나라를 (멸하고 그 땅에) 저택을 지으니 (그곳이 오늘날) 곡부인데,
주공 단이 아니라면 누가 그 일을 할 수 있었겠는가?

⋮

※ 奄(엄)은 은나라 말과 주나라 초기에 산동성 곡부 지역에 있던 작은 나라로, 수도는 곡부이다. 나중에 주나라 성왕에게 멸망당하고 잔존한 백성들은 사방으로 흩어졌다. 이 나라 역시 은나라의 한 갈래이다. 문왕과 무왕이 세상을 떠나고 성왕이 즉위한 다음에도 주나라는 은나라의 잔존 제후 국가를 지속적으로 공격하여 멸망시키는 것을 볼 수 있다.

※ 이 구절에서 奄(엄)을 흔히 〈문득〉이라는 뜻으로 해석하는데, 이는 奄(엄)이 나라 이름이라는 사실을 모르기 때문이다. 주공은 주나라의 정사를 주관해야 했으므로, 그의 아들 백금(伯

禽)을 곡부땅에 제후로 봉하고 궁전(宮殿)을 세웠다. 宮(궁)이나 殿(전)이라는 글자를 쓰지 않고 宅(택)자를 쓴 것도 천자문에서 글자의 중복을 피하기 위함이다.

※ 微(미)는 원래 〈작을 미〉로 많이 쓰이지만, 천자문의 다른 곳에 있는 未(미)와 중복을 피하기 위해서 같은 음을 가진 微(미)자를 차용하였다. 旦(단)은 〈아침 단〉이지만 주나라 건국의 공신인 주공(周公)의 이름이다.

※ 주나라 성왕 때에 주공 단과 강태공이 오늘날 산동성 郯城(담성) 북쪽에 있던 담국(郯國)을 평정하자, 산동성 곡부의 동쪽에 있던 엄국 17개 나라가 반발하여 대항하다가 견디지 못하고, 산서(山西)의 태곡현(太谷縣), 강소(江蘇)의 상주(常州), 발해만과 요녕 지방 등으로 산산이 흩어졌으며, 심지어는 조선의 개마고원과 한반도 지역은 물론 바다를 건너 일본까지 이주하였다고 한다. 이런 일을 한 사람이 바로 주나라의 3대 공신 중 하나인 주공 단이므로 그를 찬탄한 것이 이 구절의 뜻이다.

69-76문은 춘추 전국시대의 역사와 인물에 관한 내용이다.

69

桓公匡合, 濟弱扶傾 **환공광합, 제약부경**

huán gōng kuāng hé, jì ruò fú qīng

군셀 환, 제후 공, 바로잡을 광, 합칠 합,

건질 제, 약할 약, 붙들 부, 기울어질 경

(제나라) 환공은 (천하를) 바로잡고 (제후들을) 규합하였으며,
약한 (나라를) 구제하고 기울어지는 (작은 나라들을)
도와서 붙들어 주었다.

⋮

※ 桓公(환공)은 춘추시대 제(齊)나라의 임금으로 성은 강(姜), 이름은 소백(小白)이다. 춘추오패(春秋五覇) 중의 첫 번째가 된 사람이다. 논어에 『桓公九合諸侯 一匡天下』(환공구합제후 일광천하 : 제환공이 아홉 번 제후를 집합시켜 한 번 천하를 바로잡았다)라는 구절이 있다.

70

綺回漢惠, 說感武丁 기회한혜, 열감무정

qǐ huí hàn huì, yuè gǎn wǔ dīng

비단 기, 돌이킬 회, 한나라 한, 은혜 혜,

기쁠 열, 감동시킬 감, 무술 무, 장정 정

기리계는 혜제가 (태자에서 폐위될 위기를) 모면하게 했으며,

부열은 은나라 왕 무정을 (꿈속에서) 감동시켰다.

⋮

※ 綺(기)는 상산사호(商山四皓) 중의 한 사람인 기리계(綺里季)를 말하고, 漢惠(한혜)는 한(漢)나라 임금 혜제(惠帝)를 가리킨다. 혜제의 이름은 영(盈)으로 태자 때 부황인 한고조에 의하여 태자에서 폐위될 위기에 처한 적이 있다. 이때 상산사호가 태자와 함께 노니는 것을 본 한고조가 비로소 안심하여 폐위를 결행하지 않았다고 한다. 이 구절에서 綺(기)는 상산사호 네 사람 가운데 대표로 한 사람을 지칭한 것이다.

※ 說(열)은 은나라의 명재상 부열(傅說)을 말한다. 따라서 여기

서의 說(열)자는 〈설〉이나 〈세〉로 읽지 않고 〈열〉로 읽어야 한다. 武丁(무정)은 은나라의 임금이다. 왕이 상제로부터 훌륭한 재상을 받는 꿈을 꾸고 난 후, 꿈속에서 본 재상의 얼굴을 그려 전국에 수배한 결과 드디어 부열을 찾아 재상의 자리에 앉혔다고 한다. 이를 두고 부열이 무정을 꿈속에서 감동시켰다고 표현한 것이다.

71

俊乂密勿, 多士寔寧 준예밀물, 다사식녕

jùn yì mì wù, duō shì shí níng

준걸 준, 준걸 예, 힘쓸 밀, 힘쓰는모양 물,

많을 다, 벼슬아치 사, 진실로 식, 평안할 녕

뛰어난 인물들이 (나라를 위해) 부지런히 힘썼는데,

(그렇게) 많은 관리들로 인하여 (나라가) 참으로 평안하였다.

⋮

※ 俊乂(준예)는 뛰어난 사람을 뜻하고, 密勿(밀물)은 부지런히 힘쓰는 모양을 의미한다. 勿勿(물물) 또는 黽勉(민면)과 같다. 이런 어휘는 음절이 분리되어서는 해당 의미를 갖지 못하고 음절이 합쳐져야 의미를 갖게 되는 것으로 연면어(連綿語)라고 한다.

연면어에는 자음(성모)이 같은 쌍성(雙聲)연면어(예 : 彷彿 · 방불, 伶俐 · 영리 등)와, 모음(운모)이 같은 첩운(疊韻)연면어(예 : 窈窕 · 요조, 徘徊 · 배회 등)와, 비쌍성첩운연면어(예 : 蝴蝶 · 호접, 鸚鵡 · 앵무 등)와, 동일한 글자가 반복되는 중첩연면어(예 : 津津 · 진진

등)와, 쌍성겸첩운연면어(예 : 輾轉 · 전전 등)가 있다.

※ 이 구절에서 士(사)는 재야에서 학문을 하는 〈선비〉가 아니라 벼슬에 종사한 사람들을 가리킨다. 사(士)는 본래 공(公) · 경(卿) · 대부(大夫) · 사(士) · 서인(庶人) 가운데 사(士)의 계급에 속한 사람들을 의미하지만, 이 문장에서는 나라의 정치에 관여한 훌륭한 관리 모두를 사(士)로 대표하여 가리켰다.

72

晉楚更霸, 趙魏困橫 진초갱패, 조위곤횡

jìn chǔ gēng bà, zhào wèi kùn héng

진나라 진, 초나라 초, 교대할 갱, 두목 패,

나라이름 조, 나라이름 위, 곤란할 곤, 가로 횡

(춘추시대에) 진나라와 초나라가 번갈아서 패권국가가 되었고,

(전국시대에) 조나라와 위나라는 연횡책 때문에 곤경에 처했다.

⋮

※ 진(晉)나라의 문공(文公)이 초나라의 성왕(成王)을 성복(城濮)에서 패퇴시키고 패자가 되었는데, 후에는 초나라 장왕(莊王)이 패자가 된 것을 말한다. 춘추시대에는 5명의 패자가 번갈아 있어 이들을 나중에 '춘추오패'라고 불렀는데, 제나라의 환공, 진나라의 문공, 초나라의 장왕, 오나라의 왕 합려, 월나라의 왕 구천을 가리킨다.

기록에 따라서 진나라의 목공, 송나라의 양공 또는 오나라 왕 부차 등을 꼽는 경우도 있다. 이 구절도 진나라와 초나라만을 가리키는 것이 아니라 두 나라를 대표로 든 것이다. 가

장 먼저 패자가 된 사람은 제환공이다. 진문공과 초장왕은 그 후의 사람들이다.

※ 전국시대에는 일곱 나라가 다투었다. 한(韓)·위(魏)·조(趙) 이 세 나라를 삼진(三晋)이라고 하는데, 지리적으로 서쪽으로는 강대국인 진(秦)과 접하고, 동쪽으로는 연(燕)·제(齊), 남쪽으로 초(楚)와 접하여 진과 연·제·초의 완충지대에 있었다. 따라서 삼진은 여섯 나라가 힘을 합하여 강성한 진(秦)의 동진을 막아 보려고 했다. 이를 '합종책(合縱策)'이라고 한다. 그러나 여섯 나라가 모두 강대국 진을 섬기자는 연횡책(連橫策)에 말려들어 곤경에 처하게 되었다.
이 구절에서 趙(조)·魏(위) 두 나라만 거론했지만, 사실은 한(韓)까지 포함하여 말한 것으로 볼 수 있다. 합종책은 소진(蘇秦)이 주장하였고, 연횡책은 장의(張儀)가 주장하였다.

73

假途滅虢, 踐土會盟 가도멸괵, 천토회맹

jiă tú miè guó, jiàn tŭ huì méng

빌릴 가, 길 도, 멸할 멸, 나라이름 괵, 밟을 천, 흙 토, 모을 회, 맹세 맹

(진나라 헌공은 우나라의) 길을 빌려 괵나라를 멸망시켰고,

(진나라 문공은) 천토라는 (땅으로 제후들을 불러서) 회맹하였다.

⋮

※ 假途滅虢(가도멸괵) : 진(晉)나라의 헌공(獻公)이 괵(虢)나라를 침략하기 위해 이웃 나라인 우(虞)나라에 길을 빌려 달라고 하였는데, 우나라의 임금이 신하의 간언을 듣지 않고 길을 빌려주었다. 그 결과, 진나라는 괵나라를 멸망시키고 난 다음에 길을 빌려준 우나라까지 멸망시켜 버렸다.

※ 踐土會盟(천토회맹) : 진(晉)나라의 문공(文公)이 초나라의 성왕(成王)을 성복(城濮)에서 패퇴시키자, 주(周)나라 양왕(襄王)이 진문공이 큰 공을 세웠다고 여기고 직접 진나라 군사가 있는 천토로 왕림하여 진나라 군사를 위로하였는데, 이때 진문공

이 제후들을 천토로 소집하여 제후들이 천자인 주나라 양왕에게 조회하고 충성을 맹약하게 하면서 패권을 장악한 사건을 말한다. 이리하여 진문공은 제환공에 이어 춘추시대의 두 번째 패자가 되었다. 踐土(천토)는 지금의 하남성에 있는 지명이다. 회맹은 제후들을 불러 모아 맹약(盟約)을 하는 것을 말한다.

※ 역사상 踐土會盟(천토회맹)이 假途滅虢(가도멸괵)보다 먼저 있었던 사건이나, 이 문장에서 순서가 바뀐 이유는 역시 운을 맞추기 위해서다.

74

何遵約法, 韓弊煩刑 하준약법, 한폐번형

hé zūn yuē fǎ, hán bì fán xíng

어찌 하, 따를 준, 간략할 략, 법 법, 한나라 한, 폐단 폐, 번거로울 번, 형벌 형

소하는 (한고조의) 간략한 법을 준수하였고,

한비자는 번잡한 형벌로 폐해를 가져왔다.

⋮

※ 何(하)는 전한(前漢)을 건국하는 데 큰 공을 세운 재상 소하(蕭何)를 가리키며, 約法(약법)은 한고조 유방이 세운 약법3장(約法三章)을 말한다. 한나라는 이렇게 간략한 법을 썼지만 400년을 이어 갔다는 뜻이다.

※ 韓(한)은 진(秦)나라의 왕을 도와 진나라를 강성하게 만든 유명한 법가 사상가 한비자(韓非子)를 가리킨다. 번거롭고 무거운 형벌을 써서 진나라를 강대국으로 만들어 천하를 통일했지만, 결국 그 폐단으로 진나라가 오래 가지 못했음을 말하고자 함이다.

75

起翦頗牧, 用軍崔精 기전파목, 용군최정

qǐ jiǎn pō mù, yòng jūn zuì jīng

일어날 기, 자를 전, 자못 파, 칠 목, 쓸 용, 군사 군, 가장 최, 능통할 정

백기와 왕전과 염파와 이목은 군사를 쓰는 데 가장 능통하여서,

⋮

※ 起(기)는 白起(백기)이다. 전국시대 진(秦)나라 최고의 명장으로 '전쟁의 신(戰神 · 전신)'이라고 불린다. 16세에 종군하여 일생 동안 크고 작은 70여 번의 전투에서 한 번도 패하지 않았다고 한다.

※ 翦(전)은 王翦(왕전)이다. 진(秦)나라의 장수로 백기가 세상을 떠난 다음, 그를 이어 용맹을 떨쳤다. 연나라와 월나라를 공격하여 멸망시키고 최후로 초나라를 멸망시킴으로써 진시황이 6국을 통일하는 데 혁혁한 공을 세웠다.

※ 頗(파)는 廉頗(염파)로 조(趙)나라의 명장이다. 용병에 능하여

싸우면 거의 백전백승하여, 진나라에서도 매우 두려워하였다고 한다. 제(齊)나라와 위(魏)나라를 공격해 여러 차례 크게 이기고 제나라의 기(幾)와 위나라의 방릉(防陵), 안양(安陽) 등 많은 땅을 빼앗았다. 장평(長平) 전투에서는 견고하게 수비하여, 진(秦)나라 군대가 3년 동안 출병했지만 얻은 것 없이 돌아가게 만들었다.

※ 牧(목)은 李牧(이목)인데 조(趙)나라의 북방을 지키던 명장으로 오랜 기간 대(代)와 안문(雁門)에서 흉노(匈奴)를 방비했다. 말타기와 활쏘기를 훈련시켜 출병해 흉노를 격파했으며, 진(秦)나라가 대거 조나라를 공격하자 다음 해 비(肥)에서 대파하고, 무안군(武安君)에 봉해졌다.

76

宣威沙漠, 馳譽丹靑 선위사막, 치예단청

xuān wēi shā mò, chí yù dān qīng

떨칠 선, 위엄 위, 모래 사, 사막 막, 달릴 치, 명예 예, 붉을 단, 푸를 청

(그들의) 위엄을 (멀리) 사막에까지 떨쳤으며,

명예는 초상으로 그려(져서 후대까지 전해)졌다.

⋮

※ 宣威沙漠(선위사막)은 북방민족이 살고 있는 땅 끝 사막까지 위엄이 떨쳤다는 뜻인데, 고비사막 등을 지칭한다.

※ 馳譽丹靑(치예단청) : 단청은 원래 그림에 사용하는 물감을 뜻하지만, 여기서는 물감으로 초상화를 그린다는 의미로 쓰였다. 이렇게 초상화를 그려서 후세에 남기는 것을 '馳譽(치예)'라고 한다. 이를테면 한(漢)나라의 선제(宣帝)는 공신들의 초상화를 그려서 기린각에 그렸는데, 이같이 이들도 초상화가 그려져 명예가 후대까지 드날렸다는 뜻이다.

77-81문은 광활한 중국의 영토와 명승지를 들어서 찬탄하는 내용이다.

77

九州禹跡, 百郡秦幷 구주우적, 백군진병

jiǔ zhōu yǔ jì, bǎi jùn qín bìng

아홉 구, 고을 주, 우임금 우, 자취 적, 일백 백, 고을 군, 진나라 진, 병합할 병

구주는 우임금이 나눈 자취고, 일백 개의 군은 진나라가 병합한 것이다.

⋮

※ 九州禹跡(구주우적) : 중국의 전국이 아홉 주로 나뉜 것은 하(夏)나라의 우임금(禹)의 자취라는 뜻이다. 또는 중국의 온 천하에 우임금이 치수(治水)를 하던 족적이 있다고 해석하기도 한다. 둘 다 옳다고 생각된다. 구주의 이름은 冀州(기주) · 兗州(연주) · 靑州(청주) · 徐州(서주) · 揚州(양주) · 荊州(형주) · 豫州(예주) · 梁州(양주) · 雍州(옹주)인데, 중국의 본토 전체를 지칭하는 말로 사용된다. 춘추좌전(春秋左傳) 양공사년(襄公四年)에 『芒芒禹跡 劃爲九州』(망망우적 획위구주 : 망망한 우임금의 자취여, 천하를 구주로 나누었네)라는 구절이 있다. 바로 이 구절의 출전이다.

※ 百郡秦并(백군진병) : 百郡(백군)은 중국의 전국에 있는 고을로, 진(秦)나라가 나머지 여섯 나라를 통일하여 병합한 것이라는 뜻이다. 이때의 百郡(백군)은 굳이 100개의 군이라는 뜻이 아니라 중국에 있는 모든 군을 의미하는 것으로 해석할 수 있다. 한편 진나라가 여섯 나라를 통일한 직후에 전국을 36개의 군으로 나누었는데, 갈수록 늘어나서 100개에 가깝게 늘어난 것이라고 해석하기도 한다.

78

嶽宗泰岱, 禪主云亭 악종태대, 선주운정

yùe zōng tài dài, shàn zhǔ yún tíng

큰산 악, 으뜸 종, 클 태, 산이름 대, 제사이름 선, 주로할 주, 이를 운, 정자 정

(오악 가운데) 태산이 으뜸이서, 봉선제사를 주로
(태산과 태산 아래의) 운운산이나 정정산에서 지냈다.

⋮

※ 嶽宗泰岱(악종태대) : 오악(五嶽)은 동쪽의 태산(泰山), 서쪽의 화산(華山), 남쪽의 형산(衡山), 북쪽의 항산(恒山), 가운데의 숭산(嵩山)인데 그 가운데 동쪽의 태산(泰山)이 조종(祖宗)이 된다는 뜻이다. 岱(대)는 태산(泰山)의 별칭으로, '岱宗(대종)', '岱岳(대악)'으로도 불린다. 우리나라에 유포되는 대부분의 천자문에는 嶽宗恒岱(악종항대)로 표기되어 있다. 여기서 恒(항)은 위에서 말한 오악 가운데 항산을 가리킨다. 그렇게 되면 문맥이 맞지 않는다. 따라서 현재 중국에서 흔히 사용되는 천자문의 嶽宗泰岱(악종태대)를 바른 것으로 취하였다. 泰(태)자는 현재 우리나라에서 흔히 사용되는 천자문에는 없는 글자

이다. 따라서 이 글자로 바꾸어도 천자문의 글자는 중복되지 않는다.

※ 禪主云亭(선주운정) : 중국의 제왕들은 제위에 오를 때는 태산에 올라 봉선(封禪) 제사를 지냈는데, 태산에 흙을 쌓아 단을 만들고 하늘의 공덕에 보답하는 제사를 '봉(封)'이라고 했고, 태산 아래의 양보산(梁父山) 가운데 있는 운운산(云云山)이나 정정산(亭亭山)에서 땅을 평평하게 고른 다음 땅의 공덕에 보답하는 제사를 '선(禪)'이라고 했다. 따라서 이 구절에서 云(운)과 亭(정)은 산의 이름으로 쓰였다.

79

雁門紫塞, 鷄田赤城 안문자새, 계전적성

yàn mén zǐ sài, jī tián chì chéng

기러기 안, 문 문, 붉을 자, 요새 새, 닭 계, 밭 전, 붉을 적, 성 성

(유명한 관문은) 안문관이고, (유명한 요새는) 만리장성이며,
(유명한 역참이 있던 곳은) 계전이고
(아름답기로 유명한 산은) 적성산이다.

⋮

※ 雁門(안문)은 중국의 북쪽 변방을 가리는 것으로, 봄에 기러기가 북쪽으로 돌아갈 때 이곳을 통해 넘어가므로 이런 이름을 갖게 되었다.

※ 紫塞(자새)는 진시황이 북방 유목민족의 침입을 막기 위해 쌓은 북쪽 변방의 만리장성을 말한다. 그 지역의 흙이 모두 자색이어서 이런 이름을 붙였다고 한다. 이 구절에서 紫塞는 〈자색〉이 아니라 〈자새〉로 읽어야 한다. 塞가 〈막힐 색〉으로 사용된 것이 아니라 〈요새 새〉, 〈성채 새〉로 쓰였기 때문이다. 塞가

〈변방 새〉로도 읽히나, 이 구절에서의 의미는 아니다.

※ 鷄田(계전)은 고대 중국 서북지역에 있던 지명으로, 이곳에 중국에서 가장 유명하면서도 가장 변방에 자리한 역참(驛站)이 있었다.

※ 赤城(적성)은 절강성 천태산(天台山)의 기이한 봉우리 가운데 하나인 적성산(赤城山)을 가리킨다. 높이가 340여 미터이고 산의 토색이 모두 붉으며 마치 성루와 같다 하여 붙여진 이름이다. 천태산 팔경 중의 하나로, 매우 아름다운 산으로 유명하다.

昆池碣石, 鋸野洞庭 곤지갈석, 거야동정

kūn chí jié shí, jù yě dòng tíng

맏 곤, 못 지, 비석 갈, 돌 석, 톱 거, 들 야, 골자기 동, 뜰 정

(호수는) 곤명지(가 유명하고 바다 경관을 보는 데는)
갈석산(이 유명하며), (또한 호수로) 거야택과 동정호(도 유명하다.)

⋮

※ 昆池(곤지)는 운남성 곤명에 있는 곤명지(昆明池)를 말한다. 전지(滇池)라고도 한다. 고대에는 전남택(滇南澤)이라고 불렀는데, 물이 거꾸로 흐르는 것 같아서 붙인 이름이라고 한다. 이 호수는 중국의 6대 담수호 가운데 하나이다. 형상이 초승달 같이 생겼으며, 해발 1,886미터의 고원지대에 있는 보기 드문 고원호수이다.

※ 碣石(갈석)은 하북성에 있는 갈석산(碣石山)을 말한다. 예로부터 바다의 경치를 감상하는 데 최고의 명승지로 일컬어졌다. 주봉은 선대정(仙臺頂)으로, 해발 695미터이고 가파른 절벽에

〈碣石〉이라는 두 글자가 새겨져 있다. 산의 정상에 오르면 산과 바다의 기묘한 경관이 눈앞에 펼쳐진다. 진시황은 이곳에서 바다로 들어가 신선을 찾으려고 했고, 한무제도 이곳을 다녀갔으며, 조조는 이곳에 이르러 시를 쓰기도 했다.

※ 鋸野(거야)는 중국 산동성에 있는 거대한 평야이다. 태산과 제수(濟水) 사이에 있는데 황하의 모래와 흙이 쌓여서 이루어진 것이다. 이 평야 가운데 커다란 호수가 있었는데, 이를 '거야택(鋸野澤)' 또는 '대야택(大野澤)'이라고 하였다. 鋸野(거야)는 이 평야를 가리키지만, 한편으로는 평야에 있는 호수인 거야택(鋸野澤)을 가리키기도 하였다.

수당(隋唐) 이전에는 이 호수의 수면이 남북으로는 300리, 동서로는 1백 리가 족히 되었다고 하는데, 이후 점점 모래와 흙으로 메워지고 말라서 북부의 양산박(梁山泊) 일대에만 호수가 남아 있다. 현재의 거야현(巨野縣)은 거야택이 있던 곳으로, 지금은 호수가 아니라 들판이 되어 남아 있다. 그래서 그런지 이름도 鉅野(거야)에서 巨野(거야)로 바뀌었다. 지금도 남아 있는 양산박은 수호전에 나오는 바로 그 양산박이다.

※ 洞庭(동정)은 호남성 북부에 있는 동정호(洞庭湖)를 말하는데, 동정호는 중국의 제2의 담수호이다. 이 호수는 호남과 호북 두 성에 걸쳐 있으며, 면적은 2,820㎢나 된다. 이는 서울 면적의 4.7배이고 충청북도 전체 면적의 3분의 1을 넘는 0.38배나 된다. 그리하여 〈팔백리동정〉이라고 불리기도 했다. 워낙 유명한 곳이므로 자세한 설명이 필요 없을 것이다.

曠遠綿邈, 巖岫杳冥 광원면막, 암수묘명

kuàng yuǎn mián miǎo, yán xiù yǎo míng

넓을 광, 멀 원, 이어질 면, 멀 막, 바위 암, 바위굴 수, 아득할 묘, 그윽할 명

(이렇게 중국의 강과 호수는) 광활한 지역에 멀리멀리
이어져 있으며, (산과 골짜기는) 아스라이 펼쳐져서 그윽하다.

⋮

※ 曠遠(광원)은 매우 넓고 멀다는 뜻이고, 綿邈(면막)은 아주 멀리 잇닿아 있다는 뜻이다.

※ 巖岫(암수)는 바위굴을 뜻하는 단어이나 산의 골짜기와 산봉우리가 펼쳐진 전체를 의미한다. 杳冥(묘명)은 아득하게 멀고 그윽한 모양을 말한다.

※ 이 문장은 천자문의 저자가 중국의 저명한 명승지 몇 곳을 소개한 다음, 이에 대하여 결론을 내린 것이다. 즉, 중국의 토지와 기상이 대단하다는 말을 하고자 한 것이다.

82-84문은 농업대국인 고대 중국의 농업정책과 조세제도에 대한 설명이다.

82

治本於農, 務玆稼穡 치본어농, 무자가색

zhì běn yú nóng, wù zī jià sè

다스릴 치, 근본 본, 어조사 어, 농사 농, 힘쓸 무, 이것 자, 심을 가, 거둘 색

(나라를) 다스리는 근본은 농업에 있으니, 심고 거두는 일에 힘써야 한다.

⋮

※ 於(어)는 〈~에〉라는 뜻을 가진 전치사이고, 玆(자)는 〈이것〉이라는 뜻으로 뒤에 나오는 稼穡(가색)을 수식한다. 중국은 고대부터 농업대국이었고, 따라서 국가의 정치에서 농업을 근본으로 여겨 중시하였음을 설명한 내용이다.

83

俶載南畝, 我藝黍稷 숙재남무, 아예서직

chù zǎi nán mǔ, wǒ yì shǔ jì

시작할 숙, 일할 재, 남쪽 남, 이랑 무(묘),

나 아, 심을 예, 기장 서, 좁쌀 직

양지 바른 땅에서 (농사를) 시작하니, 나는 기장과 조를 심으리라.

⋮

※ 俶載(숙재)는 어떤 일을 시작하는 것을 뜻하며, 南畝(남무 · 남묘)는 남쪽 이랑이니 곧 양지바른 농경지를 뜻한다.

※ 黍(서)는 오곡(五穀)의 하나로 기장을 말한다. 황미(黃米)라고도 한다. 稷(직)은 흔히 〈피 직〉으로 읽으나, 여기서는 오곡의 하나로 좁쌀을 말한다. 소미(小米)라고도 한다.

※ 시경(詩經) 소아(小雅) 보전지습(甫田之什) 대전(大田)에 『俶載南畝 播厥百穀(숙재남무 파궐백곡)』이라는 구절이 있으며, 시경(詩經) 소아(小雅) 곡풍지습(谷風之什) 楚茨(초자)에 『自昔何爲 我蓺黍稷

(자석하위 아예서직)』이라는 구절이 있다. 여기에서 '蓺(예)'와 '藝(예)'는 같이 쓰인다.

稅熟貢新, 勸賞黜陟 세숙공신, 권상출척

shuì shú gòng xīn, quàn shǎng chù zhì

조세 세, 익을 숙, 바칠 공, 새 신,

권면할 권, 상줄 상, 강등시킬 출, 승진시킬 척

익은 곡식으로 세금을 내게 하고 새 곡식으로 바치게 하되,

(이를 권하여 잘하는 백성에게는) 상을 주고,

(관리는 실적에 따라) 강등을 시키거나 승진을 시켰다.

⋮

※ 熟(숙)은 익은 곡식이고, 新(신)은 새로 수확한 곡식이다. 稅(세)와 貢(공)은 뜻이 다르다. 貢(공)은 아래의 지위에 있는 사람이 위의 지위에 있는 사람에게 바치는 것이고, 稅(세)는 위의 지위에 있는 사람이 아래에 있는 사람에게 강제로 부과하는 것이다.

※ 勸賞(권상)은 권면하여 잘하는 이에게 상을 주는 일로, 이는 농민에 대한 정책이었고, 黜陟(출척)은 직위를 강등시키거나 승진시키는 일로 이는 관리들에 대한 정책이었다.

85-90문은 마음가짐과 처세에 관한 내용이다.

85

孟軻敦素, 史魚秉直 맹가돈소, 사어병직

mèng kē dūn sù, shǐ yú bǐng zhí

맏 맹, 수레굴대 가, 숭상할 돈, 질박할 소,

역사 사, 물고기 어, 잡을 병, 정직할 직

맹자께서는 (꾸밈없는) 소박함을 숭상하셨고,

사어는 곧은 성품을 지녔다.

⋮

※ 孟軻(맹가)는 성인이신 맹자님을 말한다. 軻(가)는 맹자의 이름이다. 敦(돈)은 숭상한다는 뜻이고, 素(소)는 물을 들이지 않는 천연 그대로의 실을 말하는데, 인신(引伸)하여 질박 또는 소박하고 순진하여 꾸밈이 없는 것을 뜻하게 되었다.

※ 史魚(사어)는 중국 춘추시대의 사람 사추(史鰍)의 자(字)이다. 공자와 동시대의 사람으로 유명한 사관(史官)이었다. 위나라

영공과 관련하여 유명한 고사가 있다. 공자가 이 사람에 대하여 칭찬한 다음과 같은 구절이 논어에 있다.

『直哉! 史魚, 邦有道如矢, 邦無道如矢.』(직재! 사어, 방유도여시, 방무도여시 : 정직하구나! 사어여, 나라에 도가 있을 때도 화살과 같이 곧았으며, 나라에 도가 없을 때도 화살과 같이 곧았구나.)

86

庶幾中庸, 勞謙謹勅 서기중용, 노겸근칙

shù jǐ zhōng yōng, láo qiān jǐn chì

거의 서, 거의 기, 가운데 중, 떳떳할 용, 공로 로, 겸허할 겸, 삼갈 근, 삼갈 칙

중용의 도에 거의 가깝게 도달하려면, 공로가 있어도

겸허해야 하며 (언행도) 조심해야 한다.

⋮

※ 庶幾(서기)는 〈바라건대〉, 〈거의 ~하려면〉의 뜻으로 쓰인다. 중용은 유교 최고의 심법으로 마음을 쓰거나 일을 함에 있어서 과불급이 없이 알맞아야 함을 뜻한다.

87

聆音察理, 鑑貌辨色 영음찰리, 감모변색

líng yīn chá lǐ, jiàn mào biàn sè

들을 령, 소리 음, 살필 찰, 이치 리, 살필 감, 모양 모, 분별할 변, 기색 색

(남이 하는) 말을 듣고 (그것이) 이치에 맞는지 살펴보아야 하고,
(남이 하는) 모양을 보고 (그의) 속마음도 분간해야 한다.

⋮

※ 聆音(영음)은 다른 사람이 말하는 것을 여러 방면에서 세심하게 헤아려 보는 것을 말하며, 察理(찰리)는 그가 말한 것이 이치에 부합하는지 여부를 잘 살펴서 판단하는 것을 뜻한다.

※ 鑑(감)은 〈거울〉인데 인신하여 〈살피다〉는 뜻으로 사용되었다. 貌(모)는 어떤 사람의 용모와 말과 행동 등 겉으로 표현되는 모든 것을 말한다. 色(색)은 〈얼굴빛〉을 의미하지만 여기서는 얼굴빛으로 표현된 그 사람의 속마음을 가리킨다.

88

貽厥嘉猷, 勉其祗植 이궐가유, 면기지식

yí jué jiā yóu, miǎn qí zhī zhí

남길 이, 그 궐, 아름다울 가, 꽤 유, 권면할 면, 그 기, 공경 지, 심을 식

(자신이 가진) 아름다운 그 계책을 (자손에게) 남겨 주어,

(그들이 이를) 공경스럽게 (받아) 처세하도록 권면해야 한다.

⋮

※ 貽厥嘉猷(이궐가유) : 厥(궐)은 〈그〉라는 뜻의 대명사이다. 嘉猷(가유)는 아름다운 계책이다. 이 구절은 선조가 자신의 경험과 아름다운 계책을 후손에게 남겨 주라는 내용이다. 가훈이나 가서(家書)를 만들어서 후손에게 전해 주는 것도 좋은 사례이다.

※ 勉其祗植(면기지식) : 其(기)는 자손을 말한다. 植(식)은 〈수립하다〉라는 뜻으로, 입신처세(立身處世)하는 것을 가리킨다.

89

省躬譏誡, 寵增抗極 성궁기계, 총증항극

xǐng gōng jī jiè, chǒng zēng kàng jí

살필 성, 몸 궁, 비웃을 기, 경계할 계, 은혜 총, 더할 증, 막을 항, 극단 극

(남이) 비웃으며 경계하면 (먼저) 자신을 반성해 보며,
(임금의) 총애가 커질수록 (자신의 언행이) 극단으로 가는 것을
막아야 한다.

⋮

※ 譏(기)는 譏諷(기풍 : 비웃음)의 뜻이고, 誡(계)는 告誡(고계 : 경계함)의 뜻이다. 다른 사람의 비방을 들었을 경우에는 자신을 반성해 보아 잘못이 있으면 고치고, 잘못이 없으면 더 잘하려고 노력할 뿐 비방하는 사람과 시비를 가리려 해서는 안 된다는 말씀이다.

90

殆辱近恥, 林皐幸卽 태욕근치, 임고행즉

dài rǔ jìn chǐ, lín gāo xìng jí

위태할 태, 욕될 욕, 가까울 근, 부끄러울 치,

수풀 림, 언덕 고, 다행 행, 나갈 즉

위태롭고 치욕스럽게 부끄러움을 당할 일이 가까이

(닥치려 할 때는), 수풀 우거진 언덕이 (관직을 버리고)

다행스럽게 나갈 곳이다.

⋮

※ 殆辱(태욕)은 〈위태롭고 치욕스럽게〉라는 뜻의 부사구이며, 近恥(근치)는 〈부끄러움을 당할 일이 가까이 오다〉라는 뜻이다.

※ 林皐(임고)는 〈수풀 우거진 언덕〉으로 관직을 버리고 살아가는 산림(山林)을 뜻하며, 이 구의 주어이다. 幸(행)은 〈다행스럽게〉라는 뜻의 부사어이고 卽(즉)은 〈나갈 곳〉이라는 뜻의 명사로 동시에 술어(명사술어)의 기능을 한다.

※ 이와 관련된 유명한 이야기가 있다. 전국시대 월왕(越王) 구천(句踐)의 모신(謀臣)이었던 범려(范蠡)는 20여 년간 월왕 구천을 도와 원수였던 오나라를 멸망시켜 구천의 원수를 갚게 해주었다. 그러나 범려는 월왕 구천이 환난은 같이할 수 있어도 부귀는 함께할 수 없는 사람임을 간파하고 벼슬을 버리고 떠나가서 많은 재물도 모으면서 천명을 다했지만, 그의 동료 대신인 문종(文種)은 은퇴하라는 범려의 충고를 듣지 않고 남아 있다가 구천에게 죽음을 당하였다.

91-94문은 처세를 잘한 소광과 소수, 두 사람을 예로 들어서 설명한다.

91

兩疏見機, 解組誰逼 양소견기, 해조수핍

liǎng shū jiàn jī, jiè zǔ shuí bī

두 양, 드물 소, 볼 견, 조짐 기, 풀 해, 끈 조, 누구 수, 핍박할 핍

소광과 소수는 (위험이 닥칠) 조짐을 예견하고,
인끈을 풀어 놓고 (시골로 돌아갔으니) 누가 (그들을)
핍박할 수 있었겠는가?

⋮

※ 兩疏(양소)는 한(漢)나라 선제(宣帝)때의 사람 소광(疏廣)과 그의 조카 소수(疏受)를 가리킨다. 소광은 선제의 태자 스승인 태부(太傅), 소수는 소부(少傅)에 임명되었다.

두 사람이 자리에 있은 지 5년이 조금 넘었을 때, 숙부인 소광이 조카 소수에게 〈만족할 줄 알면 욕을 당하지 않고, 그칠 때 그칠 줄 알면 위태롭지 않으며, 공을 이룬 뒤에 그 몸이 물러나야 한다.〉라고 말하여 함께 늙었다는 핑계로 사직

하고 고향으로 돌아갔다. 이때 황제에게 받은 돈과 재산은 모두 친한 벗들에게 나누어 주었다고 한다.

※ 組(조)는 組綬(조수)를 줄여서 쓴 것이다. 직인(職印)을 허리에 차는 데 사용하는 끈을 말한다. 인끈을 풀었다는 말은 직책을 내려놓았다는 뜻이다.

92

索居閒處, 沈默寂寥 삭거한처, 침묵적요

sŭo jū xián chŭ, chén mò jì liào

홀로 삭, 살 거, 한가할 한, 거주할 처, 잠길 침, 말없을 묵, 고요할 적, 쓸쓸할 요

(그리하여 그들은) 한가로운 곳에 홀로 거처하면서, 말없이 마음을 비우고,

⋮

※ 索居(삭거)는 친구와 사귀지 않고 쓸쓸하게 홀로 있는 것을 말한다. 索(삭)의 대표 훈음이 〈찾을 색〉이므로 이 구절을 〈색거한처〉라고 잘못 읽는 경우가 많다. 여기서 索은 〈홀로 삭〉으로 쓰였으므로 〈삭거한처〉라고 읽어야 한다.

※ 沈默(침묵)은 조용하고 말이 별로 없는 것을 뜻하고, 寂寥(적요)는 마음을 텅 비워서 잡념이 없는 상태를 뜻한다.

93

求古尋論, 散慮逍遙 구고심론, 산려소요

qiú gŭ xún lùn, săn lǜ xiāo yáo

구할 구, 옛 고, 찾을 심, 학설 론, 흩을 산, 근심 려, 한가로울 소, 노닐 요

옛(사람의 일을) 탐구하고 (훌륭한) 학설도 연구하며,

(마음속의) 걱정을 털어 내고 한가롭게 노닐 수 있었다.

⋮

※ 求古(구고)는 옛사람의 옛일을 탐구하는 것이고, 尋論(심론)은 옛사람이 남긴 훌륭한 이치와 유명한 말씀을 찾아서 읽는 것이다.

※ 散慮(산려)는 마음속에 있는 근심 걱정을 털어 내는 것을 말하고, 逍遙(소요)는 여유롭게 노닐면서 마음이 편안하고 한가한 것을 말한다.

※ 91문부터 이 문장까지 3문장(6구절)은 논리적으로 연결된 하나의 문단이다. 문단은 논리적으로 연결된 것이므로 문단의

안에 있는 문장들을 별 관계가 없는 것처럼 끊어서 해설하면 안 된다. 이상으로 소광과 소수가 벼슬을 버리고 산림에 묻혀서 한가롭게 살아간 모습을 설명하였다.

94

欣奏累遣, 慼謝歡招 흔주누견, 척사환초

xīn zòu lèi qiǎn, qī xiè huān zhāo

기쁠 흔, 모일 주, 더러울 루, 보낼 견, 근심할 척, 물러날 사, 기쁠 환, 모일 초

(이렇게 하면) 기쁨은 찾아오고 고민은 사라지며,
근심은 사라지고 환희가 밀려온다.

⋮

❇ 欣(흔)은 〈기쁨〉이라는 뜻이고 累(루)는 마음속에 혼란하고 번거로운 것을 뜻하니 곧 〈고민〉이라고 할 수 있다. 慼(척)은 마음속에 있는 근심과 걱정을 말한다. 謝(사)는 쇠퇴한다는 뜻이고 招(초)는 모인다는 뜻이다.

❇ 이 문장은 위의 문단에서 나오는 소광과 소수처럼 산림 속에서 한가롭게 살면 그렇게 된다는 결론이다.

95-96문은 4계절의 풍경을 하나씩 묘사한 한 편의 서정시이다.

95

渠荷的歷, 園莽抽條 거하적력, 원망추조

qú hé dì lì, yuán mǎng chōu tiáo

개천 거, 연꽃 연, 선명할 적, 분명할 력,

동산 원, 풀숲우거질 망, 뽑아낼 추, 가지 지

(여름에는) 연못에 연꽃이 찬란하게 피어나고,

(봄에는) 정원의 풀과 나무가 새로운 잎과 가지를 뻗어 내며,

⋮

※ 渠(거)는 개천, 도랑 가운데 물이 고여서 흐르지 않는 곳을 뜻하는 글자인데, 여기서는 연못이라고 번역하는 것이 좋다. 荷(하)는 蓮(연)과 같다. 荷(하)를 다른 말로 芙渠(부거)라고도 하는데, 〈개천에 있는 부용(芙蓉)〉이라는 뜻이다. 부용은 중국 원산으로 산과 들에서 자라는 관목으로, 꽃이 무궁화와 비슷하다. 연못에서 피는 연꽃이 나무에 피는 부용꽃과 비슷하다고 하여 그렇게 부른 것이다. 반대로 목련(木蓮)은 연꽃과

비슷한 꽃이 나무에 핀다고 하여 그렇게 불리게 되었다. 的歷(적력)은 뚜렷하여 분명하다는 뜻으로, 꽃이 피어서 찬란한 모양을 뜻한다. 的(적)에는 〈연밥(연열매)〉이라는 뜻도 있어 여기서도 그런 의미로 사용되었다고 볼 수도 있으나, 的歷(적력)이라는 쌍음절어로 보는 것이 더 잘 어울린다. 연꽃은 6월에 피는 것이므로 이 앞 구절은 여름의 아름다운 경치를 묘사한 것이라고 할 수 있다.

※ 園(원)은 원림(園林)으로 집터에 딸린 수풀을 뜻하니, 곧 정원을 가리킨다. 莽(망)은 풀과 나무가 무성한 모양을 말한다. 抽條(추조)는 풀과 나무가 새로운 잎과 가지를 뽑아내는 것을 말한다. 이 뒷구절은 싱그러운 봄의 풍경을 묘사한 것이다.

96

枇杷晩翠, 梧桐早凋 비파만취, 오동조조

pí pá wǎn cuì, wú tóng zǎo diāo

비파나무 비, 비파나무 파, 늦을 만, 푸를 취,

오동나무 오, 오동나무 동, 이를 조, 시들 조

(겨울에는) 비파나무 (잎이) 늦도록 푸르러 있고,

(가을에는) 오동나무 (잎이) 일찍 시든다.

⋮

※ 枇杷(비파)는 비파나무이다. 잎이 사계절 푸른 활엽수 소교목(小喬木)으로 겨울에도 잎이 떨어지지 않아 이렇게 표현하였다. 이 앞 구절은 겨울의 풍경을 묘사한 것이다. 枇(비)와 杷(파)는 한 글자로는 사용이 되지 않고 두 글자가 합쳐져서 하나의 단어를 만든다. 이런 어휘를 연면어(連綿語)라고 한다.

※ 오동나무 잎은 이른 가을에 다른 나무의 잎보다 가장 먼저 떨어진다. 그리하여 옛사람들은 오동나무가 가을을 안다고도 했다. 이 뒷구절은 가을의 풍경을 묘사한 것이다. 옛 시에

『梧桐一葉落, 天下皆知秋』(오동일엽락, 천하개지추 : 오동잎 하나가 떨어지니 천하가 가을이 왔음을 안다)라는 구절이 있다. 또한 落葉知秋(낙엽지추 : 떨어지는 잎을 보고 가을을 안다)라는 사자성어(四字成語)도 있다.

※ 이상 2문 4구는 각기 별개가 아니라 1편의 완전한 시(4언4구)이다. 따라서 별개의 문장으로 해설하면 안 된다.

97-98문도 늦가을 찬바람이 몰아치는 산속의 황량한 풍경을 묘사한 한 편의 서정시이다.

97

陳根委翳, 落葉飄颻 진근위예, 낙엽표요

chén gēn wěi yì, luò yè piāo yáo

묵을 진, 뿌리 근, 시들 위, 말라죽을 예,

떨어질 락, 잎 엽, 나부낄 표, 나부낄 요

(고목의) 묵은 뿌리는 시들어서 말라 있고,

낙엽은 (이리저리) 바람에 흩날리는데,

⋮

※ 陳根(진근)은 고목의 묵은 뿌리이다. 委(위)는 말라서 시들어진 것을 말하고, 翳(예)는 말라죽어 있는 모양을 말한다. 飄颻(표요)는 낙엽이 펄펄 날리며 떨어지는 모습이다.

98

遊鯤獨運, 凌摩絳霄 유곤독운, 능마강소

yóu kūn dú yùn, líng mó jiàng xiāo

놀 유, 고기이름 곤, 홀로 독, 움직일 운,

오를 릉, 가까이갈 마, 붉을 강, 하늘 소

멀리서 노니는 커다란 새 한 마리가 홀로 날갯짓하며,

붉은 구름 낀 하늘 끝 멀리로 솟아오른다.

⋮

※ 遊(유)는 멀리서 노닌다는 뜻이다. 鯤(곤)은 장자(莊子) 소요유(逍遙遊)편에 나오는 상상의 물고기이다. 북극 바다에 사는 이 물고기는 크기가 몇 천 리가 되는지 알 수 없다고 하며, 이 물고기가 변신하여 붕새가 되면 날개가 또한 몇 천 리인지 알 수 없다고 한다. 鯤(곤)은 본래 이 상상의 물고기를 뜻하지만, 이 구절에서는 鯤(곤)이 변신한 거대한 새인 붕새를 염두에 두고 하늘을 나는 커다란 새의 뜻으로 사용하였다. 運(운)은 날갯짓을 한다는 뜻이다.

※ 凌(릉)은 오른다(乘)는 뜻이다. 摩(마)는 접근한다는 뜻이다. 絳霄(강소)는 붉은 하늘이라는 뜻이지만 높은 하늘 태양의 곁에서 일어나는 붉은 구름 기운, 즉 햇무리를 말한다. 커다란 새 한 마리가 그렇게 높은 하늘로 날아오른다는 표현이다.

※ 위의 4구절은 4언 4구의 완전한 시 한 편으로, 늦가을의 황량하고 쓸쓸한 가을 산과 하늘을 나는 외로운 한 마리 새의 정경이 그림처럼 펼쳐져 가을의 정서를 한껏 느끼게 한다.

99문은 학업에 열중한 왕충의 이야기이다.

99

耽讀翫市, 寓目囊箱 탐독완시, 우목낭상

dān dú wán shì, yù mù náng xiāng

열중할 탐, 읽을 독, 장난할 완, 시장 시, 붙일 우, 눈 목, 주머니 낭, 상자 상

(왕충은) 시끄러운 시장의 서점에서 책을 탐독하였는데,

(길거리에서도) 책 보따리와 책 상자 (말고는) 쳐다보지도 않았다.

⋮

※ 耽(탐)은 무엇엔가 깊이 빠져서 다른 사람이 소리를 질러도 듣지 못하는 상태를 말한다. 翫市(완시)는 매우 시끄러운 장소인 시장을 말한다. 따라서 耽讀翫市(탐독완시)는 시끄러운 시장의 서점에서도 마음을 오직 독서에 집중하였다는 뜻이다.

※ 寓目(우목)은 오직 그것만을 눈에 붙인다는 뜻이고, 囊箱(낭상)은 책 보따리와 책 상자를 말한다. 왕충은 길거리를 걸어가면서도 책 보따리나 책 상자 외에는 눈길도 주지 않았다는 뜻

이다. 이 구절을 〈책에 한 번 눈을 붙이기만 하면 모두 암기하여 마치 그 사람이 책 보따리나 책 상자와 같다.〉라고 해석하기도 한다. 기록으로 볼 때 역시 타당한 해석이라고 생각된다.

※ 이 문장은 한(漢)나라의 유명한 유물론 사상가 왕충(王充)에 대한 이야기이다. 그가 젊어서 한나라의 수도인 낙양(洛陽)으로 공부를 하러 갔는데, 가난하여 책을 살 수 없었다. 그리하여 시장 서점에서 책을 읽었는데, 눈길이 한 번만 가면 모두 암기하였다고 한다. 일생 심혈을 기울여 지은 논형(論衡)이라는 명저가 전해진다.

100-103문은 언어, 음식, 친척 접대 등에 관한 내용이다.

100

易輶攸畏, 屬耳垣牆 이유유외, 속이원장

yì yóu yōu wèi, zhǔ ěr yuán qiáng

쉬울 이, 가벼울 유, 바 소, 두려울 외, 붙일 속, 귀 이, 담장 원, 담장 장

(말을) 쉽고 가볍게 하는 것은 군자가 두려워해야 할 바이니,
(말할 때는 누군가) 담장에 귀를 붙이고 있(는 듯이 조심해야 한)다.

⋮

※ 易輶(이유)는 소홀히 하고 경솔하게 하는 것을 말한다. 다음에 이어지는 구절의 내용으로 보아 말을 경솔하게 하는 것을 뜻함을 알 수 있다. 攸(유)는 〈~하는 바〉라는 뜻으로 사용된다. 시경(詩經) 소아(小雅) 절남지습(節南山之什) 소반(小弁)에 『君子無易由言 耳屬于垣(군자무이유언 이속우원)』이라는 구절이 있다.

101

具膳餐飯, 適口充腸 구선찬반, 적구충장

jù shàn cān fàn, shì kǒu chōng cháng

갖출 구, 반찬 선, 먹을 찬, 밥 반, 알맞을 적, 입 구, 채울 충, 창자 장

반찬을 갖추어 밥을 먹더라도, 입맛에 맞게 배를 채울 (따름이다.)

⋮

※ 餐(찬)은 먹는다는 뜻의 동사이다. 膳(선)은 육식 음식을 말하고 飯(반)은 곡식을 익힌 밥을 말한다. 餐(찬) 이외에 飡(찬 · 손), 湌(찬 · 손), 飧(손), 飱(손) 등의 글자를 사용하기도 하나 여기서는 餐을 취하였다. 비록 飧(손)자를 쓴다고 해도 〈저녁 밥 손〉이나 〈밥 손〉으로 읽어서는 안 되고 〈먹을 손〉이라고 읽어야 한다. 동사술어로 쓰였기 때문이다.

※ 適口(적구)는 각자의 구미에 맞게 한다는 뜻이고, 充腸(충장)은 적당히 배를 채우는 것을 말한다. 즉, 음식을 탐내어 과식하지 않음을 의미한다.

102

飽飫烹宰, 饑厭糟糠 포어팽재, 기염조강

bǎo yù pēng zǎi, jī yàn zāo kāng

배부를 포, 물릴 어, 삶을 팽, 도살할 재,

주릴 기, 싫을 염, 술지게미 조, 쌀겨 강

배가 부르면 삶은 고기도 물리고, 배가 고프면

거친 음식도 (어찌) 싫어(하겠는가?)

⋮

※ 飫(어)는 배가 불러서 더 먹기가 싫어지는 것을 말한다. 宰(재)는 짐승을 도살한다는 뜻이고 烹(팽)은 삶는다는 뜻이니, 烹宰(팽재)는 삶은 고기라는 뜻이다. 이로써 맛있는 음식을 대표하여 표현한 것이다.

※ 糟糠(조강)은 술지게미와 쌀겨라는 뜻으로 거친 음식을 가리킨다. 饑厭糟糠(기염조강)의 형태는 평서문(平敍文)이지만, 여기서는 문맥을 고려하여 반어문(反語文)으로 해석하여야 한다.

※ 『糟糠之妻 不下堂』(조강지처 불하당 : 거친 음식을 먹으며 함께 고생한 아내는 버려서는 안 된다)이라는 격언이 있다. 젊어서 함께 고생하던 부부가 늦게 헤어지는 것은 큰 불행이다.

103

親戚故舊, 老少異糧 친척고구, 노소이량

qīn qī gù jiù, lǎo shào yì liáng

친척 친, 친척 척, 오래될 고, 친구 구, 늙을 로, 젊을 소, 다를 이, 음식 량

친척과 오랜 친구에게 (음식을 대접할 때는),

늙고 젊음에 따라 (대접할) 음식을 다르게 해야 한다.

⋮

※ 노인은 치아가 나쁘고 소화기능도 약하므로 연하고 따뜻한 음식으로 대접하고, 젊은 사람은 치아가 튼튼하고 소화기능도 좋기 때문에 딱딱하고 질긴 음식이라도 맛있으면 가능하다는 뜻이다. 이 구절에서 糧(량)은 〈양식〉이라는 뜻이 아니라 손님의 상에 올라가는 〈음식〉을 말한다.

104문은 중류층 이상의 가정에서 부인들이 생활하는 모습을 그린 것이다.

104

妾御績紡, 侍巾帷房 첩어적방, 시건유방

qiè yù jì fǎng, shì jīn wéi fáng

아내 첩, 주관할 어, 길쌈할 적, 길쌈 방, 시녀 시, 수건 건, 휘장 유, 방 방

부인은 길쌈하는 일을 주관하고, 시녀는 규방에서 (부인의 생활을) 돕는다.

⋮

※ 妾御(첩어) : 이 두 글자를 연면어(連綿語)로 보아서 妾(첩 : 정실 이외의 아내)이라고 해석하기도 하나 연면어로 보기 어렵고, 妾(첩)을 주어로 보고 御(어)를 서술어로 보는 것이 문맥으로 보아서 타당하다. 또한 妾(첩)을 정실부인인 妻(처)와 대립하는 개념인 정실 이외의 부인인 첩으로 해석하기도 하나, 이 글자도 정실부인인 妻(처)와 같은 뜻으로 〈부인〉이라고 해석하는 것이 문맥상 타당하다. 길쌈을 주관하는 것은 부인의 책임이면서도 권리이기 때문이다.

※ 또한 御(어)를 〈모신다〉는 뜻으로 해석하기도 하는데 이는 옳지 않고, 〈주관한다〉라고 해석해야 타당하다. 부인은 길쌈을 직접 할 수도 있고 시녀를 시킬 수도 있기 때문이다. 참고로, 천자문에 妻(처)라는 글자는 없다.

※ 績紡(적방)은 御(어)의 목적어인데, 어휘의 짜임새는 술목관계(述目關係)이다. 즉, 績(적)은 동사의 역할을 하면서 명사구를 만든 것이고, 紡(방)은 명사로 績(적)의 목적어로 사용된 것이다. 이렇게 두 글자가 뜻은 같지만 품사를 달리하여 사용되었는데, 이렇게 같은 뜻을 가진 목적어를 동족목적어(同族目的語)라고 한다.

※ 侍巾帷房(시건유방) : 帷房(유방)은 침실 내실을 의미한다. 남자가 거처하는 곳이든 부인이 거처하는 곳이든 가리지 않고 지칭하는 단어이지만, 이 구절에서는 부인이 거처하는 규방(閨房)으로 보는 것이 전후 문맥으로 보아 잘 어울린다. 帷(유)는 침실의 양쪽에 치는 장막이고 幕(막)은 침실의 위에 치는 것으로, 이를 합하여 유막(帷幕)이라 한다.

이 구절의 侍(시)는 앞 구절의 주어인 妾(첩)과 대(對)를 이루는 이 구절의 주어이다. 따라서 妾(부인)과 대를 이루는 侍(시)는 당연히 시녀가 될 것이다. 이렇게 되면 巾(건)은 당연히 동사인 서술어가 될 수밖에 없다. 즉, 수건 등을 가지고 행동한다는 뜻이다.

이로써 이 구절의 의미가 명확해진다. 규방은 부인이 생활하는 장소이므로 이 규방에서 부인의 시녀가 세수나 목욕에 필요한 수건과 빗 등을 가지고 부인의 생활을 시중든다는 뜻이 되는 것이다.

105문부터 110문까지는 고대에 부유했던 사람들의 생활상이 그려진다.

105

紈扇圓潔, 銀燭煒煌 환선원결, 은촉휘황

wán shàn yuán jié, yín zhú wěi huáng

흰비단 환, 부채 선, 둥글 원, 깨끗할 결, 은 은, 촛불 촉, 빛날 휘, 빛날 황

(부유한 사람들은) 흰 비단으로 만든 둥글고
깨끗한 부채(를 들고 다니며), (집 안은) 은으로 만든
촛대의 불빛으로 휘황찬란하게 (밝혔다.)

⋮

❈ 紈(환)은 흰 비단이다. 생사(生絲)를 가지고 짜서 물들이지 않은 흰 색의 비단을 견(絹)이라고 한다. 그 가운데 제(齊)나라 땅에서 생산되는 것이 가장 유명하여, 이를 환(紈)이라고 하였다. 부유한 사람들만 가질 수 있어서 紈綺子弟(환고자제)라는 말이 생겨났다. 견(絹)은 두껍고 거친 생사(生絲)로 짠 비단으로, 모두 흰 색이고 물들이지 않은 것이다. 숙사(熟絲 : 염색한 실)로 촘촘하게 짠 비단을 금백(錦帛)이라고 하는데, 그중에

얇은 것을 주(綢), 두터운 것을 단(緞)이라고 한다.

※ 뒷구절에서 말하는 燭(촉)은 사실 봉밀(蜂蜜 : 밀랍)로 만든 초의 불빛이 아니다. 밀랍으로 만든 초가 나타난 것은 당(唐)나라 이후로, 그 이전에는 화거(火炬 : 횃불)를 사용하였다. 따라서 이 문장에 나오는 은으로 만든 촛대도 밀랍으로 만든 초를 꽂기 위한 촛대가 아니라, 은으로 만든 횃불 담는 그릇을 가리킨다. 이 역시 부유한 사람들의 생활상을 그린 것이다.

106

晝眠夕寐, 藍筍象床 주면석매, 남순상상

zhòu mián xī mèi, lán sǔn xiàng chuáng

낮 주, 쉴 면, 저녁 석, 잠잘 매, 남빛 남, 대껍질 순, 상아 상, 침대 상

(이들은) 낮에도 (일하지 않고) 휴식을 취했으며,
밤에는 푸른 대나무 껍질(로 만든 자리와)
상아로 꾸민 침대에서 잠을 잤다.

⁝

※ 이 구절에서 眠(면)은 〈잠잘 면〉으로 읽어서는 안 되고 〈쉴 면〉 또는 〈휴식할 면〉으로 읽어야 한다. 눈을 감고 편안하게 쉬는 것을 나타낸 글자이다. 寐(매)는 침대에서 정규적으로 잠을 자는 것을 말한다.

※ 藍(람)은 〈쪽〉이라는 풀로, 고대에 푸른색으로 염색을 하는 데 사용하였다. 이 구절에서는 그 풀의 색깔인 〈남빛〉으로 사용되었다. 따라서 〈쪽 람〉이 아니라 〈남빛 남〉으로 읽어야 한다.

※ 筍(순)은 대나무 싹이라는 뜻도 있지만 대나무 껍질이라는 뜻도 있다. 여기서는 대나무 껍질이라는 뜻으로 사용된 것이니, 〈대싹 순〉이 아니라 〈대껍질 순〉으로 읽어야 한다.

107

弦歌酒讌, 接杯擧觴 현가주연, 접배거상

xián gē jiǔ yán, jié bēi jǔ shāng

현악기 현, 노래 가, 술 주, 잔치 연, 접촉할 접, 술잔 배, 들 거, 술잔 상

거문고를 타며 노래를 부르고 술을 준비하고 잔치를 열어,

(서로) 술잔을 부딪치고 술잔을 들었으며,

⋮

※ 弦歌(현가)는 鼓弦而歌(고현이가)를 줄인 말로, 악기의 줄을 타면서 노래를 부르는 것을 말한다.

※ 중국 고대에도 술 문화가 발달하여 여러 종류의 주기(酒器)가 있었다. 주기는 성주기(盛酒器)와 음주기(飮酒器)로 구분할 수 있는데, 성주기는 술을 담아 놓는 기구로 준(尊) · 굉(觥) · 호(壺) 등이 있고, 음주기는 술을 마시는 기구로 배(杯) · 상(觴) · 작(爵) 등이 있다.

배(杯)는 전국시대 이후에 비로소 있게 되었다. 처음에는 나무로 만들었는데, 타원형으로 양쪽 가에 귀를 달았다. 이리

하여 이배(耳杯 : 귀 달린 술잔)라고도 불렀다. 상(觴)은 짐승의 뿔을 깎아서 만든 것이고, 작(爵)은 발이 세 개가 달린 것으로 청동기로 만들었는데 아래쪽에 불을 피워서 술을 따뜻하게 하거나 뜨겁게 할 수 있었다.

작(爵)은 고대 음주기의 통칭으로 사용되기도 한다. 성주기와 음주기는 매우 다양한 모양과 재료들로 만들었는데, 물소 모양 성주기, 코끼리 모양 성주기도 있고, 재료도 나무 · 옥돌 등 다양하였다. 이렇게 되다 보니 작(爵)도 신분에 따라 달리 사용되었다.

108

矯手頓足, 悅豫且康 교수돈족, 열예차강

jiǎo shǒu dùn zú, yùe yù qiě kāng

쳐들 교, 손 수, 발구를 돈, 발 족, 기뻐할 열, 편안할 예, 또 차, 즐거워할 강

(양)손을 쳐들고 발을 구르면서 (춤추며,) 기뻐하고
편안해하면서 즐거워하였다.

⋮

※ 矯(교)는 손이나 머리를 들어 올린다는 뜻으로, 矯手(교수)는 춤을 출 때의 손의 동작이다. 頓足(돈족)은 발을 구른다는 뜻으로, 춤을 출 때의 발의 동작이다.

109

嫡後嗣續, 祭祀蒸嘗 **적후사속, 제사증상**

dí hòu sì xù, jì sì zhēng cháng

정실 적, 뒤 후, 상속자 사, 이을 속,

제사지낼 제, 제사 사, 겨울제사이름 증, 가을제사이름 상

정실이 낳은 맏아들로 집안의 계통을 이었으며,

겨울제사와 가을제사를 지내는데,

⋮

※ 嫡後(적후)는 嫡子(적자)를 말한다. 적자는 정실부인이 낳은 맏아들이다. 정실부인이 낳은 둘째 이하의 아들들과 첩이 낳은 모든 아들을 통칭하여 서자(庶子)라고 했다. 적자는 오직 한 사람만이고 나머지 아들은 모두 서자라고 한 것은 庶(서)가 衆多(중다 : 많음)의 뜻이 있기 때문이다. 우리나라 조선에서는 庶(서)를 정실부인이 아닌 첩에게서 난 자식들만을 가리켰다.

※ 嗣(사)는 임금의 자리나 제후의 자리 또는 가문의 중심이 되는 자리를 뜻한다. 續(속)은 상속한다는 뜻이다.

※ 蒸(증)의 대표 훈음은 〈찔 증〉인데 여기서는 〈겨울제사이름〉으로 쓰였고, 嘗(상)의 대표 훈음은 〈맛볼 상〉인데 여기서는 〈가을제사이름〉으로 쓰였다. 따라서 이 구절에서 蒸(증)과 嘗(상)을 〈찔 증〉, 〈맛볼 상〉으로 읽어서는 안 되고 위와 같이 읽어야 된다.

제사(祭祀)는 혈식(血食 : 피 묻은 산짐승으로 제물을 삼는 것)으로 하늘과 땅과 조상을 높이는 대례(大禮)이다. 하늘에 제사 지내는 것을 祭(제), 땅에 제사 지내는 것을 祀(사), 조상에 제사를 지내는 것을 享(향)이라고 하였다.

고대에는 제사를 제사의 대상에 따라 5가지로 구분하였는데 제천(祭天 : 하늘에 제사), 제지(祭地 : 땅에 제사), 제조(祭祖 : 조상에 제사), 제신(祭神 : 신에 제사), 제조(祭灶 : 부엌의 신에 제사)이다. 이렇게 제사를 지내기 위해서는 살아 있는 동물을 잡아야 하는데, 이 동물을 牲(생 : 희생)이라고 하였다. 희생의 종류에 따라서 삼생제(三牲祭)와 오생제(五牲祭)가 있었으니, 삼생은 양 · 돼지 · 개를 말하고, 오생은 말 · 소 · 양 · 돼지 · 개를 말한다.

※ 蒸嘗(증상)은 겨울 제사와 가을 제사인데, 이 구절에서는 사계

절 제사 가운데 겨울 제사와 가을 제사로 사계절 제사를 대표하여 표현한 것이다. 봄 제사는 礿(약), 여름 제사는 禘(체)라고 하였다.

110

稽顙再拜, 悚懼恐惶 계상재배, 송구공황

jī sǎng zài bài, sǒng jù kǒng huáng

조아릴 계, 이마 상, 두번 재, 절할 배,

송구할 송, 송구할 구, 황공할 공, 황공할 황

이마를 조아리며 두 번 절하면서, (조상들에 대해)

송구해하고 황공해하였다.

⋮

※ 稽顙(계상)은 이마를 땅에 대고 잠시 그 상태로 머무는 것을 말한다. 고대의 拜(배)는 양손을 가슴 앞에서 합치고 머리를 숙여 손에 닿게 하는 것이었는데, 이것이 발전하여 나중에는 양손을 땅에 붙이는 대례(大禮)로 발전하였다. 옛날의 제도에서 한 번 절할 때 세 번 머리를 조아리는 삼고수(三叩首)를 하였는데, 가장 많이 할 때가 세 번 절하면서 아홉 번 머리를 조아리는 것으로 이를 삼배구고수(三拜九叩首)라고 하며 최고의 배례이다.

※ 悚懼恐惶(송구광황)은 어떤 사람의 정성과 공경의 마음이 극도에 이르러 발생하는 심리현상이다. 悚懼恐惶(송구광황)에 대하여 그 정도를 다음과 같이 설명하기도 한다. 悚(송)은 온몸이 떨리고 식은땀이 나거나 몸에 닭살이 돋고 떨이 솟는 정도의 두려움이고, 懼(구)는 비교적 가벼운 두려움으로 막연한 불안감을 느끼는 정도이며, 恐(공)은 매우 엄중한 두려움으로 신장에 영향을 미쳐서 오줌을 싸게 되는 정도를 말하고, 惶(황)은 놀라고 두려워 허둥지둥 좌불안석하면서 정신을 제대로 차리지 못하는 상황을 말한다.

※ 이상으로 고대에 부유했던 사람들의 생활에 대한 이야기가 끝난다. 모두 12구절 48자로, 천자문 전체 분량을 고려하면 부유했던 사람들의 생활상은 의외로 많은 분량이다.

111-113문은 일상생활과 관련된 내용들이다.

111

牋牒簡要, 顧答審詳 전첩간요, 고답심상

jiān dié jiǎn yào, gù dá shěn xiáng

편지 전, 편지 첩, 간략할 간, 요약할 요,

반대로 고, 회답할 답, 자세할 심, 자세할 상

(보내는) 편지는 간략하게 요약해서 써야 하고,

회답하는 편지는 이와 반대로 자세하게 써야 한다.

⋮

※ 牋牒(전첩)은 편지를 대칭(代稱)하는 어휘이다. 牋(전)은 편지나 편지 종이를 뜻한다. 牒(첩)은 고대에 종이가 발명되기 전에 글을 쓰기 위한 용도로 만들었던 목편(木片)이나 죽간(竹簡)을 의미하는 글자였다.

※ 簡要(간요)는 간단하게 요약한다는 뜻이다. 簡(간)은 본래 죽간을 말하고, 牒(첩)은 죽간과 목편을 아울러 부르는 말이다.

이 가운데 작은 것을 牒(첩), 큰 것을 冊(책)이라고 하였고, 또 얇은 것을 牒(첩), 두꺼운 것을 독(牘)이라고 하였다. 이 구절에서 말하는 편지는 보내는 편지를 말한다.

※ 顧(고)의 일반적 훈음은 〈돌아볼 고〉이지만 이 구절에서는 〈반대로(反而 · 반이)〉라는 부사어로 사용되었다. 따라서 〈돌아볼 고〉라고 읽으면 안 되고 〈반대로 고〉라고 읽어야 한다. 答(답)은 답장편지라는 뜻으로, 이 구절의 주어이다. 審(심)은 일반적 훈음이 〈살필 심〉이지만 여기서는 〈자세할 심〉으로 읽어야 한다.

112

骸垢想浴, 執熱願凉 해구상욕, 집열원량

hài gòu xiǎng yù, zhí rè yuàn liáng

몸 해, 때 구, 생각할 상, 목욕할 목, 잡을 집, 뜨거울 열, 바랄 원, 서늘할 량

(사람들은) 몸에 때가 끼면 목욕할 것을 생각하고,
뜨거운 것을 잡으면 (뜨거운 손이 재빨리) 시원해지기를 바란다.

⋮

※ 骸(해)의 본래 의미는 몸에 있는 뼈이다. 뼈 가운데 큰 것은 骨(골)이라고 하고 작은 것을 骸(해)라고 한다. 합쳐서 骸骨(해골)이라고 하는데, 현대 해부학에서는 남자에게는 해골이 205개, 여자에게는 2개가 더 많은 207개가 있다고 한다. 이 구절에서는 〈뼈〉라는 의미가 아니라 〈몸〉이라는 뜻으로 사용되었다. 천자문 19문의 蓋此身髮(개차신발)에 이미 身(신)자가 나왔으므로 중복을 피하기 위한 것이다. 浴(욕)은 목욕한다는 뜻이다. 沐浴(목욕)에서 沐(목)은 머리를 감는 것이고, 浴(욕)은 몸을 씻는 것이다.

113

驢騾犢特, 駭躍超驤 여라독특, 해약초양

lǘ luó dú tè, hài yuè chāo xiāng

당나귀 려, 노새 라, 송아지 독, 황소 특,

놀랄 해, 뛸 약, 뛰어넘을 초, 펄쩍펄쩍뛸 양

당나귀와 노새와 송아지와 황소가, 놀라서

펄쩍 뛰는 놈이 있고, 펄쩍 뛰어 내달리는 놈,

제자리에서 펄쩍펄쩍 뛰는 놈도 있다.

⋮

※ 犢(독)은 송아지이고 特(특)은 수컷 소인 황소나 수컷 말을 뜻한다. 이 구절은 집에서 기르는 짐승들을 두루 일컫는다.

※ 駭(해)는 놀란다는 뜻이다. 躍(약)은 제자리에서 위쪽으로 뛰는 것이고, 超(초)는 펄쩍 뛰면서 앞으로 나가는 것이며, 驤(양)은 제자리에서 계속 펄쩍펄쩍 뛰는 모양을 말한다.

114문은 고대 중국에서 도둑과 나라를 배반한 자들을 처벌하는 내용이다.

114

誅斬賊盜, 捕獲叛亡 주참적도, 포획반망

zhū zhǎn zéi dào, pǔ huò pàn wáng

벨 주, 벨 참, 강도 적, 도둑 도, 붙잡을 포, 붙잡을 획, 배반할 반, 망명할 망

강도와 도둑은 (죄에 따라) 처벌하고,

(나라를) 배반하고 망명한 자는 (추적하여) 체포하였다.

⋮

※ 誅斬(주참)은 斬刑(참형)에 처한다는 뜻이지만, 이 구절에서는 죄의 경중에 따라 적절하게 처벌하는 것을 말한다. 誅(주)의 본래 의미는 〈성토하다〉, 〈꾸짖다〉이다. 인신(引伸)하여 〈죽이다〉, 〈베어서 없애다〉라는 뜻으로 사용된다. 斬(참)은 목이나 허리를 베는 형벌을 의미한다. 斬(참)에 車(차)의 文(문)이 들어간 것은 고대의 혹독한 형벌인 거열형(車裂刑)과 관련이 있다.

※ 賊盜(적도)는 강도와 도둑이다. 진한(秦漢) 전에 賊(적)은 폭력으로 다른 사람의 물건을 빼앗는 자로, 盜(도)는 다른 사람의 집에 들어가 물건을 몰래 훔치는 자로 사용되었으니, 요즘 말로 한다면 賊(적)은 강도이고 盜(도)는 도둑이라고 보면 될 것이다. 이래서 진한(秦漢) 이전에는 나라에 반역하여 난을 일으켜 백성을 위태롭게 하는 무리들을 賊(적)이라고 하기도 하였다.

紅巾賊(홍건적)이 대표적인 예이고, 亂臣賊子(난신적자)라는 단어도 이런 의미로 사용된 것이다. 이에 따라 賊(적)은 〈해치다〉, 〈해치는 사람〉이라는 뜻으로도 사용된다. 道吾善者是吾賊(도오선자시오적 : 나를 착하다고 하는 자는 나를 해치는 자이다)에서 賊(적)은 〈도둑〉이라는 뜻이 아니라 〈해치는 사람〉이라는 뜻이다.

※ 捕獲(포획)은 사로잡는다는 뜻이고, 叛亡(반망)은 나라를 반역하여 도망한 자를 말한다.

※ 이 구절에서 말하고자 하는 바는 고대 중국에서는 나라를 배반하고 망명한 자들은 자연히 나라의 부담이 되므로 붙잡아서 처벌해야 했다는 뜻이다.

115-116문은 중국 역사상 8명의 유명한 사람에 대한 이야기이다.

115

布射僚丸, 嵇琴阮嘯 **포사료환, 혜금완소**

bù shè liáo wán, jī qín ruǎn xiào

펼 포, 쏠 사, 동료 료, 공 환,

산이름 혜, 거문고 금, 성씨이름 완, 휘파람불 소

여포는 (활을 잘) 쏘았고, 웅의료는 공을 (잘 가지고 놀았으며.)

혜강은 거문고를 (잘 탔고,) 완적은 휘파람을 (잘) 불었다.

⋮

※ 布(포)는 중국 삼국시대의 여포(呂布)를 가리킨다. 삼국지연의에서 여포가 원술로부터 유비를 구할 때 원문 밖에 세워 놓은 자신의 방천화극 곁가지를 활로 쏘아 맞힌 이야기가 유명하다.

※ 僚(료)는 춘추시대 초(楚)나라의 사람 웅의료(熊宜僚)를 가리킨다. 힘이 장사였고 의협심이 있는 사람이었지만, 공도 잘 가

지고 놀았다고 한다. 공을 가지고 놀면 여덟 개의 공은 항상 공중에 떠 있고 한 개의 공만이 손 안에 있었다고 한다.

※ 嵇(혜)는 중국 삼국시대 조조가 세운 위(魏)나라의 문인이면서 사상가인 혜강(嵇康)을 가리킨다. 위(魏)나라와 진(晉)나라가 교체되는 시기에 세속의 권력과 욕망을 비판하면서 죽림(竹林)에 모여 거문고와 술을 즐기며, 청담(淸談)으로 세월을 보낸 일곱 명의 선비를 일컬었던 죽림칠현(竹林七賢)의 한 사람이다. 특히 거문고 연주에 뛰어났다고 한다. 결국 권력층의 미움을 받아 친구가 일으킨 사건에 연루되어 처형을 당한다. 阮(완)도 역시 위나라의 문신이자 사상가로, 혜강과 같은 시대를 산 인물로 죽림칠현 중의 한 사람인 완적(阮籍)을 가리킨다. 한때 위나라를 무너뜨리고 진(晉)나라를 세운 사마씨(司馬氏) 아래서 벼슬을 하기도 했지만, 권력과 출세를 싫어해 술과 기행을 일삼으며 살았다고 한다. 교조적인 유학(儒學)에 반기를 들고 노장사상을 연구하는 데 몰두했으며, 특히 휘파람을 매우 잘 불었다고 한다.

116

恬筆倫紙, 鈞巧任釣 염필륜지, 균교임조

tián bǐ lún zhǐ, jūn qiǎo rén diào

편안할 념, 붓 필, 윤리 륜, 종이 지, 서른근 균, 교묘할 교, 맡길 임, 낚시할 조

몽염은 붓을 만들었고, 채륜은 종이를 만들었으며,
마균은 교묘한 (발명을 잘하였고) 임공자는 낚시를 잘하였다.

⋮

※ 恬(염)은 전국시대 말, 진(秦)나라의 명장으로 진시황이 6국을 멸망시키고 천하를 통일하는 데 일등공신 역할을 한 사람이다. 몽염이 대나무 대롱에 토끼털을 매어 붓을 만들고 소나무 그을음으로 먹을 만들어 썼다고 전해진다. 이 붓을 兎毫竹管(토호죽관)이라고 한다.

※ 倫(륜)은 후한(後漢) 중기 황궁에 있었던 환관 채륜(蔡倫)을 가리킨다. 환관이었으나 학문과 재주가 뛰어나 용정후(龍亭侯)에까지 봉해진 사람이다. 서기 105년에 종이 제조법을 발명하여 크게 이름을 날렸는데, 그가 발명한 종이 제조법으로

만들어진 종이를 '채후지(蔡侯紙)'라고 불렀다.

※ 鈞(균)은 삼국시대 위(魏)나라의 유명한 기술자이자 발명가인 마균(馬鈞)을 가리킨다. 뛰어난 창의력으로 수많은 발명품을 만들어 내었다고 한다. 예를 들어, 5배나 작업 능률을 올릴 수 있는 비단 직조기, 연속으로 물을 퍼서 관개를 할 수 있는 용골수차(龍骨水車), 나무 인형을 수레에 태워 수레가 어느 방향으로 달리든지 인형의 손가락이 항상 남쪽을 가리키게 하는 지남거(指南車) 등 교묘한 발명품이 많았다고 한다.

※ 任(임)은 장자(莊子) 외물편(外物篇)에 실려 있는 임공자(任公子)를 가리킨다. 임공자는 커다란 낚싯바늘과 굵은 검은 줄을 만들어 50마리의 소를 미끼로 해서 회계산에 앉아 낚싯대를 동해바다에 던져 거대한 물고기를 낚았는데, 고기가 낚싯바늘을 물고 물속으로 들어갔다가 솟구쳐 올라 등지느러미를 떨치니, 흰 파도가 산더미처럼 일고 바닷물이 출렁이며 그 메아리 소리가 귀신의 소리와 같아 사람들이 두려움에 떨었다고 한다.

117문은 위의 2문에서 말한 8명에 대한 간단한 논평이다.

117

釋紛利俗, 竝皆佳妙 석분리속, 병개가묘

shì fēn lì sú, bìng jiē jiā miào

풀 석, 어지러울 분, 이롭게할 리, 풍속 속,

모두 병, 모두 개, 아름다울 가, 묘할 묘

(위의 여덟 사람 같은 이들은 세상의) 분란을 해결하고
풍속을 이롭게 (한 사람들이니), 모두 아름답고 묘한
(재주를 가진 사람들이었다.)

⋮

※ 여포와 같은 사람도 세상의 분란을 해결하고 풍속을 이롭게 했다고 할 수 있을지는 생각해 봐야 할 문제이지만, 어쨌든 유구한 중국의 역사에 걸출하게 빛나는 인물임은 분명하다고 하겠다.

118문은 중국 고대 2명의 미인에 대한 내용이다.

118

毛施淑姿, 工顰姸笑 모시숙자, 공빈연소

máo shī shū zī, gōng pín yán xiào

털 모, 베풀 시, 아름다울 숙, 자태 자, 잘할 공, 찡그릴 빈, 고울 연, 웃음 소

모장과 서시는 아름다운 자태를 (가져서), 찡그리는 모습조차
아름다웠고, 아름다운 미소를 지녔다.

⋮

※ 毛(모)는 모장(毛嬙), 施(시)는 서시(西施)를 가리킨다. 두 사람 모두 춘추시대의 미인들이다.

※ 工(공)은 〈잘한다(善也 · 선야)〉는 뜻이니 〈자주〉 또는 〈빈번히〉라는 뜻과 통한다. 서시는 가슴앓이를 하여 자주 얼굴을 찡그렸는데, 찡그리는 그 모습까지 아름다워 이웃 여자가 자신도 따라서 하니, 보는 사람들이 눈을 가리고 피해 갔다는 이야기가 전한다.

※ 중국에서 미인을 표현하는 어휘가 있는데, 침어(沈魚) · 낙안(落雁) · 폐월(閉月) · 수화(羞花)이다. 이 미녀들을 보면 물고기가 물속으로 숨어 버린다는 침어는 서시(西施)이고, 날아가던 기러기가 떨어진다는 낙안은 왕소군(王昭君)이며, 달이 구름으로 자기를 가린다는 폐월은 초선(貂蟬), 꽃이 부끄러워한다는 수화는 양귀비(楊貴妃)이다.

119-120문은 인생의 덧없고 짧음을 생각하면서
대자연의 영원함을 부러워하는 한 편의 시이다.

119

年矢每催, 曦暉朗耀 연시매최, 희휘랑요

nián shǐ měi cuī, xī huī lǎng yào

세월 년, 화살 시, 항상 매, 재촉할 최, 햇빛 희, 햇무리 휘, 밝을 랑, 빛날 요

세월은 화살과 같이 (흐르며) 항상 (늙음을) 재촉하지만,
태양의 빛은 (매일 매일 영원토록) 밝게 빛나며,

⋮

※ 曦(희)와 暉(휘)는 둘 다 햇빛이라는 뜻이지만 曦(희)는 아침의 햇빛을 가리키고, 暉(휘)는 태양의 주위에 둥글게 나타나는 빛깔 있는 테두리 즉, 햇무리를 말한다. 이 구절은 태양이 매일 뜨고 지면서 영원토록 순환 · 반복하면서 햇빛을 비춘다는 것을 표현한 것이다.

120

璇璣懸斡, 晦魄環照 선기현알, 회백환조

xuán jī xuán wò, huì pò huán zhào

별이름 선, 별이름 기, 매달릴 현, 빙빙돌아갈 알,

그믐 회, 초승달빛 백, 순환할 환, 비출 조

북두칠성은 (하늘에) 매달려 (끊임없이) 빙빙 돌아가고,

(달빛은) 어두웠다가 다시 밝아지면서

(영원토록) 순환하며 비추는구나.

⋮

※ 이 구절에 쓰인 璇(선)은 북두칠성의 두 번째 별의 이름이고, 璣(기)는 북두칠성의 세 번째 별의 이름이다. 따라서 璇(선)을 〈옥돌 선〉, 璣(기)를 〈구슬 기〉로 읽어서는 안 된다. 이 구절에서 璇璣(선기)는 북두칠성의 일곱 개 별을 대표하여 표현한 것이므로 문맥으로는 북두칠성 전체를 의미한다. 북두칠성의 일곱 개 별은 국자 모양의 그릇 부분부터 자루가 있는 쪽으로 각각 천추(天樞) · 천선(天璇) · 천기(天璣) · 천권(天權) · 옥형(玉衡) · 개양(開陽) · 요광(搖光)으로 부른다.

천추성(天樞星)은 탐랑성(貪狼星)이라고도 하며, 천선성(天璇星)은 거문성(巨門星), 천기성(天璣星)은 녹존성(祿存星), 천권성(天權星)은 문곡성(文曲星), 옥형성(玉衡星)은 염정성(廉貞星), 개양성(開陽星)은 무곡성(武曲星), 요광성(搖光星)은 파군성(破軍星)으로도 부른다.

※ 懸斡(현알)은 매달려서 빙빙 돌아가고 있다는 뜻으로, 북두칠성은 1시간에 북극성의 주위를 정확하게 15도씩 시계 반대방향으로 회전하기 때문이다.

※ 晦(회)는 음력으로 매달 마지막 날을 말한다. 우리말로 그믐날이다. 이날은 달이 뜨지 않으니 달빛이 비취지 않는다. 그믐날의 다음 날이 음력 초하루가 되는데, 이날을 朔(삭)이라고 한다. 이날도 달이 뜨지 않는다. 그러다가 음력 3일에 이르러 드디어 새로운 달이 나타나 달빛을 비추기 시작하는데, 이때의 달빛을 魄(백)이라고 한다. 이때의 달을 초승달이라고 하며, 초승달이 점점 커져서 완전히 둥근 달이 되는데 이를 보름달이라고 하고, 이때를 望(망)이라고 한다.

※ 環照(환조)는 달이 이렇게 초하루, 보름, 그믐으로 한 달 간격으로 순환하면서 영원토록 비추고 멈춤을 반복한다는 뜻이다. 이 구절의 魄(백)을 일반 훈음인 〈넋 백〉으로 읽으면 안 된다. 〈달빛 백〉으로 읽어야 하며 더욱 정확하게는 〈초승달빛 백〉으로 읽어야 한다.

※ 위의 2문 4구는 한 편의 시로, 각 문장을 별개의 것으로 보아 해설해서는 안 된다. 먼저 1구에서 세월이 화살처럼 빨리 가서 청춘은 곧 가 버리고 점점 늙어 간다고 탄식한 다음, 2구 이하는 태양과 별과 달이 영원토록 순환하면서 뜨고 지는 것을 들면서 인생도 그와 같이 영원했으면 하는 소망을 표현한 것이다.

121문은 자신을 희생하면서 복을 닦으면, 그 덕택으로 후손들이 오래토록 행복하게 살 수 있다는 교훈이다.

121

指薪修祜, 永綏吉劭 지신수우, 영수길초

zhǐ xīn xiū hù, yǒng suí jí shào

기름 지, 땔나무 신, 닦을 수, 복록 우,

오랠 영, 편안할 수, 행복할 길, 아름다울 초

기름은 땔나무에 (불을 붙이기 위해 자신을 태우며 사라지지만,
그 기름이 붙인 불은 계속 옮겨 가서 꺼질 줄을 모르듯이,
사람도 기름처럼 그렇게 자신을 희생하며) 복을 닦으면,
(후세의 자손들이 그 덕택으로) 오래토록 편안히 행복하고
아름답게 (살아갈 수 있다.)

⋮

※ 이 구절의 출전은 장자(莊子) 양생주편(養生主篇) 마지막 문단의 결론 부분인 『指窮於爲薪 火傳也 不知其盡也』(지궁어위신 화전야 부지기진야 : 기름은 땔나무를 위해 소진되지만 불은 계속 이어져 다할 줄을 모른다)이다. 여기에 나오는 指(손가락 지, 가리킬 지)를 어떤 뜻으

로 보느냐에 이론(異論)이 있고, 爲(위)를 어떤 뜻으로 보느냐에 대해서도 이론이 있으며, 문장 전체에 대한 해석에도 이론이 있다.

필자는 주계요(朱桂曜)의 의견에 따라 指(지)를 脂(기름 지)의 통가자(通假字 : 융통해서 빌려 쓰는 글자)로 본다. 명문당 대옥편에도 指(지)가 脂(지)의 통자(通字)로 사용된다고 설명되어 있다.

※ 吉(길)은 길하다는 뜻 외에 행복하다는 뜻도 있다.

122-123문은 조정에서 정사를 보는 관리의 태도에 관한 글이다.

122

矩步引領, 俯仰廊廟 구보인령, 부앙랑묘

jù bù yǐn lǐng, fǔ yǎng láng miào

방정할 구, 걸음 보, 펼 인, 목 령, 굽어볼 부, 쳐다볼 앙, 행랑 랑, 사당 묘

(관리는) 걸음을 방정하게 걷되 목도 펴서 (얼굴을 바르게 하고,)
조정에 나가 (임금을 도와 정사를 볼 때) 고개를
숙이고 드는 것을 (엄숙하고 공경스럽게 하며,)

⋮

※ 俯仰(부앙)은 조정에서 신하가 임금을 대할 때 엄숙하고 공경스럽게 얼굴을 들어 바라보고 고개를 숙이는 것을 말한다. 廊廟(낭묘)는 정무를 보는 조정이라는 뜻이다.

123

束帶矜莊, 徘徊瞻眺 속대긍장, 배회첨조

shù dài jīn zhuāng, pái huái zhān tiào

띠를맬 속, 관대 대, 엄숙할 긍, 꾸밀 장,

배회할 배, 배회할 회, 바라볼 첨, 바라볼 조

관대를 매고 (예복으로) 엄숙하게 꾸미고,

(이곳저곳) 돌아다니니 (사람들이) 우러러본다.

⋮

※ 束帶(속대)는 관대를 매다는 뜻이지만, 관복을 입고 관모를 쓰고 관대를 맨 전체의 모습을 대표하여 표현한 것이다.

※ 122문과 123문은 연결이 되는 하나의 문단이다.

124문은 학식과 견문을 넓히라는 교훈이다.

124

孤陋寡聞, 愚蒙等誚 고루과문, 우몽등초

gū lòu guă wén, yú méng děng qiào

고루할 고, 천박할 루, 적을 과, 들을 문,

어리석을 우, 어리석을 몽, 같을 등, 비웃을 초

(아는 것이) 고루하고 천박하며 견문이 적으면,

어리석은 사람과 마찬가지로 (남들에게) 비웃음을 받는다.

⋮

※ 孤陋(고루)는 학식이 천박한 것을 말하고, 寡聞(과문)은 견문이 넓지 못하고 한계가 있는 것을 말한다. 예기(禮記) 학기편(學記篇)에 『獨學無友 則孤陋寡聞』(독학무우 즉고루과문)이라는 구절이 있다.

마지막 문인 125문은 어조사에 대한 설명이다.

125

謂語助者, 焉哉乎也 위어조자, 언재호야

wèi yǔ zhù zhě, yān zāi hū yě

일컬을 위, 말 어, 도울 조, 것 자, 어조사 언, 어조사 재, 어조사 호, 어조사 야

어조사라고 하는 것은, 焉(언)과 哉(재)와 乎(호)와 也(야)와 같은 것들이다.

⋮

※ 語助(어조)는 어조사(語助辭)를 말한다.

※ 이로써 천자문이 끝난다. 처음 천지의 장대한 광경부터 시작하여 인간이 사용하는 언어, 그 가운데서도 어조사를 끝으로 마감하였다. 특히 어조사 也(야)는 문장이 끝날 때 사용하는 종결어조사(終結語助辭)이다. 종결어조사로 천자문을 끝낸 작자의 의도가 참으로 재미있다.

※ 옛날 어떤 학동이 천자문을 배우는데, 하루 배운 것을 다음 날 잊어버려서 천자문의 첫 구절인 〈천지현황〉 네 글자를 3년간이나 읽었다고 한다. 그렇게 3년이 지난 어느 날, 이 학동이 갑자기 탄식하며 말하기를『천지현황을 삼년독하니, 언재호야를 언제 할꼬.』라고 하였다고 한다. 천자문 3년 읽으면서 도통을 했다는 말이다.

이제 천자문 해설을 마치면서 그것이 과장된 것이 아니라는 생각도 들었다. 천자문에 있는 인간의 윤리와 수양에 관한 보석 같은 구절들은 일생토록 수행해도 마치기 어려운 것들이기 때문이다.

천자문 해설을 마치며

필자는 왕희지 서체 천자문으로 서예를 다시 시작했는데, 여러 번 임서를 하면서 천자문의 내용 가운데 명확하게 이해가 안 되는 부분이 있음을 알게 되었다. 이미 천자문을 모두 익혀서 모르는 글자가 없는데도 불구하고 문장의 뜻이 명확하게 들어오지 않는 이유를 살펴보니, 천자문을 주로 글자로만 배운 탓이라는 것을 알게 되었다.

그리하여 가지고 있는 몇 권의 천자문 해설서와 한국어로 된 인터넷 자료를 살펴보았는데, 여전히 만족할 수가 없었다. 해설 내용이 훌륭한 책들도 여럿 있었으나 번역된 문장이 원문의 의미와 정확하게 합치하는지에 대해서 미심쩍은 부분도 있었다.

이리하여 여러 자료를 참고하면서 직접 해설을 쓰기 시작했는데, 일이 끝나고 나니 당초에는 혼자 참고만 하려던 생각이 한문이나 서예를 하시는 분들과 공유하고 싶은 생각으로 바뀌었다.

이 해설은 당초 목적이 천자문을 정확하게 이해하려는 것이었으므로, 훈음도 문장에 맞게 하고, 문장의 이해에 필요한 출전과 고사도 보충하고, 기왕이면 현대 중국어의 발음으로도 읽으면 중국어 공부에도 도움이 되겠다는 생각에 한어병음도 추가하였다.

이 책에 부족한 점이 있더라도 한문과 서예를 하시는 분들께 조금이라도 도움이 된다면, 함께 공부하는 학도로서 더 이상 기쁨이 없겠다.

단기 4349년 한여름에

소백산 완월산방에서 백산초부 근기